Philippe Deschamps

UN ROI BIEN AIMÉ

Sa Majesté ALPHONSE XIII

ROI D'ESPAGNE

A. LEMERRE, Éditeur, PARIS

A
Sa Majesté ALPHONSE XIII

ROI D'ESPAGNE

Très respectueux hommage de l'auteur

L'AVÈNEMENT

au

TRÔNE D'ESPAGNE

de

Sa Majesté ALPHONSE XIII

La Régence de la Reine Marie-Christine.
La minorité du Roi Alphonse XIII.
Les fêtes du Couronnement.
Les manifestations Franco-Hispano.
Le Prince des Asturies en France.
S. M. la Reine Marie-Christine à Paris.
Les Grands Hommes de l'Espagne.

UN ROI BIEN AIMÉ

Le couronnement des Rois d'Espagne

La pompe déployée par l'Espagne pour le couronnement de *Sa Majesté le Roi Alphonse XIII* n'a été qu'un rappel des fastueuses traditions d'antan.

Les Hébreux, les Persans, couronnaient leurs rois avec éclat, les Francs opéraient avec simplicité. Le roi Pépin le Bref fut couronné à Soissons, Hugues Capet, à Noyon et sacré à Reims. Depuis, la ville de Reims fut choisie pour le lieu du sacre, avec un cérémonial que régla Louis le Jeune et qui se perpétua jusqu'à Louis XVI et Charles X.

En Espagne, les Constitutions de 1808, 1842 et 1869 fixèrent la majorité du Roi à dix-huit ans ; celle de 1837 et 1845, à quatorze ; la Constitution actuelle l'a fixée à seize.

Très souvent, cette question de la majorité

a été controversée en Espagne, et beaucoup de rois, couronnés dès leur enfance, sont montés sur le trône avant l'âge de vingt ans.

L'infant don Juan, né en 1359, fut proclamé par son père, Henri II, apte à lui succéder au trône dès l'âge de quinze ans, par suite, disait l'édit, « de son bon entendement et de ses heureuses dispositions ». Cinq ans après, Henri II mourut et Jean Ier lui succéda à l'âge de vingt ans.

Le fils de Jean Ier, Henri III, n'avait que onze ans à la mort de son père qui, avant de mourir, avait fixé à quatorze ans la majorité de son fils ; mais celui-ci dut prendre les rênes du gouvernement deux mois avant d'avoir atteint cet âge, à cause des dissensions qui existaient entre les régents.

Henri III, à son tour, fixa également la majorité de son fils Jean II à quatorze ans, et celui-ci avait seulement vingt-deux mois lorsqu'il hérita de la couronne.

Isabelle la Catholique, dans son testament d'octobre 1504, confia la régence à sa fille

Jeanne jusqu'à ce que son neveu don Carlos, qui devait lui succéder, eût atteint sa vingtième année ; mais cette majorité tardive, considérée comme une exception aux usages de la monarchie, souleva des tempêtes.

Charles Ier rétablit donc la majorité à quatorze ans pour son successeur, Philippe Ier, qui fixa la majorité de Philippe II à dix-huit ans, tandis que Philippe III revenait à quatorze ans

Isabelle II, qui fut reine pendant sa minorité, devait être proclamée majeure à quatorze ans, mais elle le fut dès l'âge de treize ans par suite des troubles qui mirent fin à la régence du général Espartero.

A neuf ans, Jaime Ier est investi du pouvoir par les nobles, en haine de son oncle Sancho qui le séquestrait.

Henri Ier de Castille règne sur ce royaume à seize ans par suite de la mort de son frère et de l'abdication de sa mère Bérengère.

Ferdinand III passe le pouvoir à son fils Ferdinand IV, âgé de quatorze ans. Alphonse X devient roi à un an et prend la direction des affaires à quinze. A quinze ans également Pierre le Cruel ou le Justicier monte sur le trône, enfin Henri III (de Castille) succède à son frère à onze ans et gouverne avant quatorze.

Pendant la période de la maison d'Autriche, Philippe IV règne à seize ans, Charles II à quatorze ans. Dans la maison de Bourbon, à part Isabelle II, Philippe V règne à dix-huit ans et son fils Louis Ier à seize ans.

Le Roi Alphonse XIII a monté sur le trône à un âge plus avancé encore que celui de la plupart de ses prédécesseurs ; si difficile que soit sa tâche, elle sera moins rude qu'elle le fut pour beaucoup d'entre eux, puisque aujourd'hui, en Espagne comme presque partout ailleurs, « le Roi règne mais ne gouverne pas ».

L'Espagne a vu successivement les pays héréditaires de la maison d'Autriche et la couronne impériale du Saint-Empire romain des nations germaniques passer de l'héritage de Charles-Quint aux mains de Ferdinand et de ses descendants ; les Provinces-Unies arracher leur indépendance à Philippe II, à son duc d'Albe, à ses Farnèse et à ses Spinola ; la France de Louis XIII et de Louis XIV compléter son unité territoriale en faisant la conquête de l'Artois, de la Flandre et de la Franche-Comté ; les Pays-Bas attribués à l'Autriche ; les deux Siciles se constituer en royaume indépendant ; le Milanais tomber au pouvoir de l'Autriche.

M. J. Quivote écrit :

Qu'entend-on par un *pronunciamento*? C'est l'acte d'un officier supérieur qui se révolte contre le gouvernement et lance une proclamation (*pronunciamento*) pour expliquer sa conduite et rallier les mécontents ; si le gouvernement n'est pas populaire, ou n'a pas de solides appuis dans l'armée, les insurgés le renversent et le remplacent.

La lutte entreprise contre Napoléon Ier avait fortifié le corps des officiers qui firent, en 1820, une révolution pour obtenir l'application de la Constitution de 1812.

Le roi Ferdinand VII se soumit, mais de très

mauvaise grâce, et, après s'être efforcé de créer toutes les difficultés possibles à ses ministres, il se décide à faire appel à l'étranger. Grâce à l'armée française, qui, après la victoire du Trocadéro, s'empara de la ville de Cadix, où les Cortès s'étaient réfugiés, Ferdinand VII redevint roi absolu et essaya de rétablir l'Inquisition, qu'il remplaça par les « Juntes de la Foi ». La réaction fut terrible. On pendit à Madrid un jeune homme qui avait crié : « Vive la liberté ! » Pour avoir brodé un drapeau avec l'inscription « Loi, liberté, égalité », une jeune veuve eut le même sort. Pendant plusieurs années, l'Espagne vécut sous un véritable régime de terreur.

Don Carlos devait normalement succéder à son frère Ferdinand VII, celui-ci n'ayant pas d'enfants mâles. Le roi d'Espagne rompit avec toutes les traditions, réunit les Cortès (1833) et leur fit prêter serment de reconnaître sa fille Isabelle comme reine.

A la mort de Ferdinand VII, sa femme, la reine Christine s'appuya sur les libéraux pour résister à don Carlos, qui, soutenu par les moines, une partie du clergé et de l'armée, réclamait la couronne. Une Constitution analogue à la Charte française de Louis-Philippe fut accordée aux Espagnols.

Le parti libéral se divisa aussitôt en *modérés*, qui acceptaient la domination de la couronne sur les Chambres, et en *progressistes*, qui voulaient l'application de la Constitution de 1812, grâce à laquelle les Cortès avaient des droits supérieurs au gouvernement.

Pendant cette lutte politique entre les deux fractions du parti libéral, la guerre civile éclatait entre les avancés du gouvernement (christinos) et les insurgés absolutistes partisans de don Carlos (carlistes). Les provinces basques et la Navarre tenaient pour don Carlos, dans l'espoir de conserver leurs *fueros*, privilèges locaux que le gouvernement libéral voulait détruire par la centralisation. Cette guerre de guérillas, qui eut un caractère féroce, dura cinq ans. Chaque parti fusillait les prisonniers qu'il faisait.

Trois fois don Carlos faillit vaincre, mais il comptait trop sur le secours miraculeux de la Vierge des Douleurs, qu'il nomma généralissime des armées royales en 1836 ! Cette confiance le perdit et les Basques, fatigués de la lutte, traitèrent avec le gouvernement libéral qui leur garantit le maintien des *fueros*. Don Carlos passa en France et la guerre prit fin en 1840; mais aussitôt les généraux recommencèrent leurs pronunciamentos. L'un d'eux, Espartero se fit nommer régent et régna trois ans, la reine Christine s'étant enfuie en France. En 1842, il reprit Barcelone où quelques officiers avaient proclamé la République.

Le général Espartero finit par être renversé par une coalition de tous les partis, et les modérés arrivèrent au pouvoir avec la reine Isabelle qui fut déclarée majeure en 1843.

Pendant de longues années l'histoire de l'Espagne n'est qu'une succession de révoltes, sanglantes souvent, et de répressions cruelles. En 1868, toute l'opposition libérale coalisée, profitant du moment où la reine était en France occupée à négocier avec Napoléon III le remplacement des troupes françaises de Rome — où elles défendaient les Etats pontificaux — par des troupes espagnoles fit une révolution. Celle-ci débuta par un pronunciamento de l'amiral Topète, chef de la flotte de Cadix, suivi d'un autre pronunciamento signé des principaux généraux de l'opposition (Prim et Serrano).

Un gouvernement provisoire fut formé à Madrid. Les principes du nouveau régime étaient : souveraineté du peuple, liberté de la religion, liberté de la presse, institution du suffrage universel. Les Cortès élus au suffrage universel se divisent aussitôt en trois groupes : les républicains, les carlistes et les royalistes qui, eux-mêmes, se divisèrent à leur tour, ne pouvant se mettre d'accord sur le choix d'un monarque. Après des luttes intestines sur lesquelles il serait trop long d'insister, la République fut proclamée en 1873. Salmeron, puis Castelar, en furent présidents. Les révoltes continuèrent de plus belle. Nos voisins connurent la dictature militaire avec le maréchal Serrano, président de la République, pendant que la guerre civile reprenait dans les provinces basques, la Navarre et la Catalogne. Les généraux ne tardèrent pas à se coaliser pour renverser la République et rétablir la monarchie avec Alphonse XII (fils de la reine Isabelle) comme roi. En 1876, il accorda une constitution, qui est encore en vigueur aujourd'hui.

L'article 1er suffit pour montrer la puissance du clergé :

La religion catholique, apostolique romaine est la religion de l'Etat. La nation s'oblige à entretenir le culte et ses serviteurs. Nul ne pourra être inquiété pour ses opinions religieuses ni pour le service de son culte, *sous réserve du respect dû à la morale chrétienne. Sont interdites les manifestations et cérémonies publiques d'une religion autre que celle de l'Etat.*

Espérons pour l'Espagne que l'agitation carliste est terminée, et que le gouvernement n'aura plus à redouter de pronunciamento.

L'Espagne possède encore des colonies d'une importance assez grande pour lui permettre d'espérer qu'elle pourra remplir un rôle dans le monde. Mais si elle veut jouer le rôle qui lui appartient dans le concert des peuples, elle doit se mêler à toutes les questions de droit international qui agitent les nations, tant en Europe qu'en Amérique, car il n'y a pas de politique coloniale possible sans une politique internationale. La possession de l'embouchure du Muni sur le chemin du Congo et celle de la partie occidentale du Sahara, en face des Canaries, permettent à l'Espagne d'intervenir dans les questions africaines qui constitueront l'une des principales préoccupations du monde politique et commercial au vingtième siècle. Au surplus, deux des problèmes les plus importants en matière de politique internationale, sont ceux du Portugal et du Maroc. Il existe encore en

Espagne des éléments qui peuvent inspirer aux hommes d'Etat espagnols une grande confiance dans l'avenir au double point de vue de la colonisation et de la vie internationale.

Tout fait supposer que le règne qui commence sera prospère pour l'Espagne, et que les partis parfois si divisés se rallieront autour de leur jeune Monarque pour ne songer qu'au bien de leur patrie.

Le Palais royal

Lorsqu'on arrive à Madrid par la ligne de Burgos et de Valladolid, au sortir de la gare, tout en haut d'une colline, et dominant au loin la plaine, se dresse un bâtiment immense dont la blancheur, sous les rayons éclatants du soleil d'Espagne, éblouit. Les appartements du Palais royal sont d'une somptuosité étonnante. Tout un passé de magnificence et de gloire semble dormir dans ces salons éteints qui se succèdent en interminable file, diversifiés à tel point les uns des autres, par la fantaisie des artistes d'autrefois, qu'on éprouve, en s'y promenant, comme une série de surprises. Les larges cadres des portes sont tous faits d'agates ou de marbres rares, dont les couleurs étrangement veinées s'harmonisent avec les brocarts pâlis des murailles. Il y a le salon Charles III, tout en bleu discret étoilé d'argent. D'autres salons, tendus de vieux satins exquis, sont d'un rose mourant, avec des mièvreries Louis XV, ou d'un inimitable rouge ancien brodé d'or, avec une exubérante ornementation de la Renaissance. La salle du Trône, la plus vaste de toutes et la plus superbe, entièrement tendue de velours anciens, cramoisis, à broderies d'or, est peuplée, le long de ses murs, de grandes statues noires qui tiennent en main des emblèmes d'or et dont les poses agitées se détachent étrangement sur l'éclat des fonds rouges. Quatre lions en bronze gardent les marches de ce trône d'Espagne, — où, pour les occasions solennelles, vient s'asseoir, encore dans l'apparat des anciens jours, la Reine et la Mère admirable.

Madrid, situé à 1.400 kilomètres de Paris, compte 470.300 habitants, l'animation y est surtout grande à la Puerta del sol. Envieux voyage que celui de l'Espagne, j'y ai passé de bonnes journées et en ai emporté le meilleur souvenir. Quoi de plus typique que cette foule aux costumes bariolés qui se presse le soir dans les rues de Séville où l'on peut à son aise admirer les belles Andalouses.

Au physique, la femme espagnole est jolie, elle a la taille moyenne, la ceinture souple et ronde, les mouvements onduleux et languissants, les yeux noirs expressifs sont ombragés de cils épais.

La femme espagnole avait trouvé la formule de son ajustement dans les vêtements en usage sous Charles IV : la jupe courte en satin, le soulier découvert, et surtout la mystérieuse, voluptueuse et poétique mantille noire ou blanche, sont irremplaçables pour un type féminin plus gracieux et sémillant que régulièrement beau. La mode actuelle, les lourdes étoffes, les couleurs éteintes, les vêtements à la coupe masculine de provenance anglaise, les imperméables et les redingotes longues, les bottines aux talons plats, et, plus que tout cela, le chapeau français, sont autant d'ennemis de la beauté espagnole.

Quand les femmes du grand monde sortent leurs mantilles aux jours de la semaine sainte, le type classique brille dans toute sa grâce et sa pureté, comme un diamant étincelant.

On retrouve de beaux types de femmes à Valence, à Tolède, à Xérès, à Malaga, à Saragosse, à St-Sébastien, à Murcia, à Ségovie, à Burgos, à Grenade, à Huelva, à Barcelone et à Alicante, mais c'est surtout dans l'Andalousie que l'on voit la femme espagnole dans tout l'éclat de sa fraîcheur et de sa gracieuseté légendaires.

Le mariage du Roi Alphonse XII,
avec la Princesse Marie-Christine

Le second mariage du Roi Alphonse XII s'était conclu sous les plus favorables auspices. Il avait été sincèrement épris de sa première femme Mercédès ; il ne le fut pas moins de la seconde. Leurs fiançailles s'accomplirent dans des conditions romanesques et qui étaient faites pour séduire l'imagination d'une toute jeune fille. Tout d'abord, la politique avait arrangé les choses selon son cœur. Son mariage fut un mariage d'inclination. On se souvient du prologue :

Quand les bases de l'union projetée eurent été arrêtées par la voie diplomatique, on résolut de ménager une entrevue entre les futurs conjoints. Deux villas — la villa Bellegarde et la villa Monaco — furent louées et aménagées à Arcachon.

Elisabeth, archiduchesse douairière d'Este-Modène, se faisait appeler comtesse de Seclo-

witz ; elle était accompagnée de sa fille
Marie-Christine. Leur incognito est si bien
gardé qu'il trompe jusqu'au docteur appelé à
leur donner ses soins. De son côté, Alphonse
XII a quitté Madrid, il est monté dans le
train qui assure le service ordinaire des voya-
geurs. Il débarque à Arcachon. Et là, une
alerte se produit. Un officier du 5e de ligne
espagnol, qui se trouve sur le quai de la
gare, reconnaît son souverain, se précipite à
ses pieds et lui remet un placet. Le Roi lui
promet d'exaucer sa demande et lui ordonne
de se retirer. A sept heures précises, il sonne
à la villa Bellegarde et est introduit dans le
salon. La jeune fille l'attendait, à la fois op-
pressée et rayonnante de bonheur. Reine
quelques mois à peine, Mercédès était pour
ainsi dire morte dès la réalisation de son
rêve, en plein bonheur, en plein triomphe,
et Marie-Christine ne demandait qu'une
chose : la remplacer dans le cœur du Roi,
être aimée comme elle l'avait été. Le premier objet qui frappe le regard du Roi est

un portrait de Mercédès, la Reine défunte. A
cette vue, il verse des larmes. Alors, Marie-
Christine s'approche et murmure d'une voix
tremblante :

— Mon plus cher désir est de lui ressem-
bler en toutes choses, si je dois lui succéder.
Je n'ose pas la remplacer.

Alphonse XII ne peut, tant il est ému, répondre à ces douces paroles ; il saisit les
mains qui lui sont tendues et les couvre de
baisers passionnés. Cette scène n'a rien de
commun avec les représentations officielles,
qui sont en usage dans des cas semblables.
Elle est demeurée vivante dans l'esprit et
dans le cœur de l'infortunée princesse. Dès
cet instant, elle adora celui qui lui offrait un
trône, elle ne cessa jamais de le chérir ; et
non pas à cause du rang qui'l lui apportait,
mais à cause de ses grâces personnelles et
de la séduction qu'il répandait autour de lui.
Combien d'épisodes et de détails charmants
dans ce mariage royal ! Le jour de la naissance de la princesse des Asturies, le Roi,

qui attendait un enfant mâle, paraissait déçu
La Reine vit son visage triste :

— A quoi penses-tu, lui dit-elle ?

— A rien répondit distraitement le Roi.

Mais la Reine ne le crut pas, et, tout à coup,
l'esprit traversé par une idée subite :

— Veux-tu, lui dit-elle tout bas, veux-tu
que nous la nommions Mercédès ?

Alphonse XII ne résista pas à tant de déli-
catesse ; une joie douce l'envahit, et il eut un
nouvel élan pour cette femme qui, presque
maternellement, savait ainsi se faire aimer.

La Princesse Marie-Christine, devenue
Reine d'Espagne, est la fille de l'Archiduc
Charles Ferdinand, et de l'Archiduchesse
Elisabeth, elle est née à Gross-Seelowitz, en
Moravie, le 21 juillet 1858. Le Roi Alphonse
XII, fils de la Reine Isabelle II, était né en
1857, en 1874, il fut proclamé Roi et mourut
en 1885, dans le palais d'El Pardo, son ren-
dez-vous de chasse préféré.

Si nous osions porter un jugement sur la
Reine Marie-Christine, nous dirions qu'elle

fut et qu'elle est demeurée admirablement franche et loyale et que son impeccable vertu s'est doublée de noblesse et de courage. Elle fut, dans toute la force du terme, l'épouse chrétienne. Telle est l'opinion que l'histoire impartiale conservera d'elle.

Le 30 décembre 1885, la Reine Marie-Christine, toute couverte de crêpes et de voiles noirs, descendit le grand escalier où les lions d'Espagne montent une garde fidèle au pied des marches de pierre du Palais Royal. Elle donnait ses deux mains à deux petites orphelines : la princesse des Asturies et l'infante Marie-Thérèse. Les hallebardes frappaient le sol en cadence, les tambours roulaient sourdement et les fifres jetaient aux échos les notes aiguës de la Marche royale d'Espagne. Des escadrons de cavalerie s'ébranlèrent, des palefreniers en perruque et à tricorne firent avancer un carrosse traîné par huit belles pouliches venues d'Aranjuez et la Reine y monta, l'entrée au *Congreso* de cette Reine noble et courageuse, dont la physiono-

mie trahissait à la fois la douleur contenue et
la force d'âme égale à la douleur, produisit
un élan irrésistible, une communion solennelle de deuil et d'amour. Les femmes pleu-
raient, les mains se tendaient, et pour les
princesses, errait sur toutes les lèvres le
même sourire attendri, la foule qui se pres-
sait derrière le cortège royal n'avait qu'un
seul cri qui disait son émotion et ses espérances : « Longue vie à la Reine Régente ! ».
Et tout le monde s'inclinait avec respect au
passage de cette femme en deuil entourée de
ses deux fillettes blondes. Les vertus de l'Auguste Reine trouvèrent vite le chemin de tous
les cœurs castillans, si faciles à émouvoir.
M. Canovas s'approchant du trône où la Reine
avait pris place lui dit : « Madame, que Votre
Majesté daigne prêter le serment qu'exige la
Constitution. » Et la noble Veuve d'Alphonse
XII prêta le serment de fidélité à l'héritier
de la couronne qu'elle portait dans son
sein ; la Régence commençait. L'horizon était
chargé de nuages lorsque Marie-Christine

devint la Reine Régente et assuma l'énorme responsabilité du gouvernement. Dona Marie Christine n'était guère familière avec les choses de la politique ; enjouée, aimable, accueillante, tout son temps était partagé entre son mari qu'elle adorait et ses enfants.

Ce fut pendant la période où elle attendait la venue d'un héritier, que la Reine Marie Christine manifesta peut-être avec plus d'éclat la dignité de son caractère et toute l'énergie de sa profonde sagesse. A une de ses dames d'honneur, qui la plaignait respectueusement, un jour, des difficultés et des amertumes de sa situation, elle répondit ce mot qui la peint tout entière :

— Mais, duchesse, tout est facile quand on a l'espoir !

La vie de cette Reine admirable, qui renonça à tous les plaisirs de la vie, pour se dévouer uniquement à l'avenir de son fils, est faite d'abnégation et de charité, c'est pourquoi tous les Espagnols la vénèrent, et que nous Français nous l'aimons.

La naissance du Roi Alphonse XIII

Le 17 mai 1886, à midi, Madrid présenta un aspect inaccoutumé. Les cloches sonnaient à toute volée dans les églises et les couvents, un drapeau immense aux couleurs d'Espagne portant les armes et la couronne royale se déployait au faîte du Palais-Royal, et le canon tonnait pour annoncer l'heureux événement.

Alphonse XIII naquit cinq mois après la mort de son père et cinq jours après le terrible cyclone qui s'abattit, le 12 mai 1886, sur la ville de Madrid. Sa Mère voulut secourir elle-même les quartiers les plus éprouvés par la catastrophe. De l'avis de la Faculté, l'émotion produite par la vue de tant de misères précipita la naissance. En effet, le 16, au matin, les phénomènes précurseurs de l'enfantement s'annoncèrent, et le docteur Riebel ne quitta plus le chevet de la Régente. Dans l'antichambre, les lustres incendiaient de leur clarté le reliquaire où se gardent le Voile de sainte Thérèse, la Rose de Jéricho et la Ceinture de la Vierge.

Aussitôt après la première toilette, le royal nouveau né est couché sur un coussin et recouvert de voiles de dentelles, la duchesse de Medina de las Torre le pose sur un plat d'or et, selon le cérémonial de la cour, le remet dans les bras de l'infante Isabelle, comtesse de Gagenti, qui va le présenter aux premiers de la nation et au corps diplomatique, dans le grand salon d'honneur où ces hauts fonctionnaires attendent. C'est M. Sagasta, président du conseil des ministres, qui, voyant que le nouveau-né est un prince, s'écrie d'une voix sonore : « Sa Majesté la Reine Régente a donné le jour à un fils. Vive le Roi ! » et qui, dans une improvisation chaleureuse, fait un vibrant appel à tous les Espagnols pour défendre le petit Roi et garder intacte la Constitution.

La joie fut grande dans toute l'Espagne, la naissance du Roi y fut saluée par des cris d'allégresse. Le 19 mai, on inscrivit sur les registres de l'état civil les nom et prénoms suivants :

DON ALFONSO XIII

Léon, Fernando, Maria, Santiago, Isidore, Paschal, Marcian, Antonio.

Alphonse, en mémoire de son père ; Léon, comme filleul du pape ; Ferdinand, du nom que portait son père, Jacques, en l'honneur du patron de l'Espagne ; Isidore, pour obtenir la protection du bienheureux laboureur, patron de Madrid ; Pascal, le 17 mai étant consacré à ce saint ; Martial, à cause que le jour du baptême était celui de saint Martial ; Antoine, pour rappeler le souvenir de l'apôtre issu de la famille royale d'Espagne, et Marie, car les Reines d'Espagne ont coutume d'aller, après leurs relevailles, au célèbre couvent de Notre-Dame-d'Altocha, consacrer le nouveau-né à la Vierge.

La naissance du jeune Roi fut pour le pays un événement heureux. Elle assurait la descendance mâle de la dynastie et écartait les

périls que l'avènement définitif au trône de
la princesse des Asturies pouvait faire courir
à la monarchie.

L'Auguste Reine Régente voulut que le
jour de la naissance de son fils fût marqué
par un acte de générosité. Elle accorda la
grâce du général Villacampa, ainsi que celles
du lieutenant Gonzalez et de quatre sergents,
dont la Junte suprême avait prononcé la
condamnation à mort. Comme M. Sagasta
s'opposait à cet acte de clémence, la Reine,
avec sa bienveillance habituelle, lui répondit. Je veux que le berceau du petit Roi soit
entouré de l'affection de tous les Espagnols,
même des plus coupables.

M. Sagasta s'inclina, et signa la grâce des
six condamnés.

Superstitieux comme on sait, le peuple
espagnol voulut voir une faveur de la Providence dans ce fait qu'il lui était né un
prince plutôt qu'une infante, et il s'accorda
à penser que ce prince serait doué de toutes
les vertus dont les bonnes fées de jadis par-

semaient les berceaux de leurs filleuls. Et il semble que le parrainage de S. S. Léon XIII ait répandu toutes les grâces du ciel sur la tête du jeune souverain. Le **23**, le nouveau-né fut baptisé en grande solennité, ayant pour parrain le pape Léon XIII, que le nonce, cardinal Paya, représentait, et pour marraine l'infante Isabelle. La duchesse de Médina portait le Roi sur un plateau d'argent, couvert de riches dentelles d'Angleterre. La nourrice sèche avait revêtu le classique costume de cérémonie, robe et jaquette de velours noir avec galon d'or, fichu de faille, collier et pendants de coraux. A la fin d'avril, la Régente ne pouvant continuer à allaiter son fils, une commission partit pour la province de Santander, afin d'y choisir une nourrice. Sur les six qui lui furent présentées, la Reine retint Maxima Vega, âgée de vingt ans et, pour la remplacer en cas d'indisposition, Adelaïde Hénoro, vingt-quatre ans. Les quatre autres retournèrent dans leurs montagnes avec 1.000 francs d'indemnité, la nourrice de

Sa Majesté recevait 3.000 francs par an et une pension de 1.000 francs à partir du sevrage.

Le pape fit présent à son filleul d'un rosaire de saphirs et de rubis, auquel pend un médaillon aux armes de la maison de Pecci. A la Régente, il fit remettre le don le plus précieux du monde catholique, la « rose d'or ». Le peuple acclama le jeune Roi pour la première fois à la messe des relevailles et durant le trajet du pèlerinage d'Atocha.

Le 23 juin 1898, le Roi fit sa première communion, ayant pour livre de chevet *Oraison et Méditation*, et le *Symbole de la foi*, de Louis de Grenade.

Les exemples de charité et de clémence de la Régente ont fait plus pour affermir la couronne d'Espagne que la diplomatie des ministres et l'épée des généraux. La bonne Reine qui a donné tant de preuves de dévouement à l'Espagne, est toujours très respectueusement saluée et acclamée par le peuple, chaque fois qu'elle accompagne le Roi.

Dès le jour de la naissance d'Alphonse XIII la Reine Marie-Christine a tenu à ce que le berceau de son fils fût installé à côté de sa chambre, dans une vaste *nursery*, au mobilier anglais, simple et pratique ; et jour et nuit, depuis seize ans elle a veillé avec une sollicitude touchante sur l'existence si frêle et si précieuse du petit Roi. A la moindre indisposition, elle s'installait au chevet de son enfant et ne le quittait plus. Au mois de janvier 1890, quand Alphonse XIII fut atteint d'une influenza qui mit sa vie en danger, on la vit rester six jours et six nuits sans se déshabiller. Elle demeurait immobile durant de longues heures à écouter la respiration rauque du petit malade, tandis que M. Sagasta agitait déjà dans un conseil de cabinet l'éventualité de la succession au trône. Enfin le 10 janvier, à cinq heures du matin, le Roi, qui avait sommeillé pendant quelques heures, s'éveilla plus calme, sourit à sa mère et lui dit d'une voix douce : « *Mamita mia* ! je vais mieux, allez vous reposer ! » Il était sauvé, et la joie en fut si vive dans le peuple que le 10 janvier est resté un jour de fête pour l'Espagne.

La Reine Marie-Christine, qui a les goûts les plus modestes, a beaucoup simplifié la pompe austère de la cour de Madrid. Elle a, autant qu'elle le pouvait, renoncé à la représentation, et les trente-cinq salons du palais de Madrid, jadis toujours peuplés d'une chatoyante cohue de courtisans, sont depuis de longues années déserts et silencieux, assoupis dans l'ombre des persiennes closes.

La maison royale, qui comptait au dernier siècle une si fastueuse hiérarchie de dignitaires, depuis le *mayordomo* et la *camarera mayor* grand-maître et grande camérière de Leurs Majestés, jusqu'aux *cabellerizos de campo*, écuyers nobles chargés de galoper pendant les promenades à la portière du carrosse royal, a été considérablement réduite. De tous les palais qu'avaient hors de Madrid les anciens souverains espagnols, trois seulement servent encore : celui du Pardo, sorte de petit Tria-

non, discret et joli, qui, l'hiver, est le but de
promenades quotidiennes du Roi ; celui de
la Granja, pour lequel la Reine a une inex-
plicable antipathie, mais où la tante d'Alphonse XIII, l'infante Isabelle, séjourne
chaque été ; enfin celui d'Aranjuez, où Marie-
Christine aimait à aller au printemps, mais
qu'elle a délaissé dans ces dernières années.
En dehors de ces châteaux, qui appartiennent
à la couronne, la Reine possède en propre, à
Saint-Sébastien, le palais ou plutôt la villa
de Miramar, séjour de « vacances » d'Alphonse XIII. Dans ces diverses résidences,
l'existence de la Reine Marie-Christine,
exempte d'apparat, est tout entière consacrée
à l'éducation de son fils et aux affaires de
l'Etat. Levée à sept heures du matin, été
comme hiver, la Reine ne donne pas plus
d'une heure à sa toilette. Sa mise est toujours
très simple et de couleur sombre ; pas de
bijoux, si ce n'est quelques joyaux auxquels
sont attachés de chers souvenirs : entre tous
elle tient à cinq bracelets, simples fils d'or

ornés d'une gemme, dont chacun lui rappelle une année de sa trop courte union avec le Roi Alphonse XII.

Après avoir déjeuné à huit heures et demie, la Reine s'assied devant son bureau et s'occupe avec son secrétaire particulier, le comte de Morphy, à dépouiller sa correspondance ; la fin de sa matinée est consacrée à recevoir les hauts fonctionnaires de la cour, le duc de Soto-Mayor, grand-maître du palais, le duc de Medina-Sidonia, grand-maître de cérémonies, et don Patricio Aguerri de Téjada, directeur des études du Roi. A midi survient le président du conseil des ministres qui entretient la Régente des événements politiques ; peu après arrivent le capitaine général de Madrid qui demande à la Reine *il santo y sena* ou mot d'ordre du jour, et le préfet de police qui s'enquiert de l'heure et de l'itinéraire de la promenade de Leurs Majestés.

Après le dîner, la Reine va causer avec ses dames d'honneur dans un petit salon contigu à la salle à manger ; parfois, on fait un peu

de musique ; c'est la seule distraction de la
Reine Marie-Christine depuis qu'elle ne pratique plus l'équitation ni aucun des sports
auxquels, au temps de son mariage, elle
s'adonnait avec tant d'ardeur. Elle improvise
avec talent au piano ou à l'harmonium, et
souvent accompagne le jeune Roi, qui joue
remarquablement du violon. Enfin, à onze
heures du soir, quand les huissiers et la garde
des *Monteros de Espinosa* viennent prendre
le service de nuit, et que le suisse, un énorme
trousseau de clefs à la ceinture et un fallot à
la main, a fini d'accomplir la cérémonie de
la fermeture des portes, la Reine se couche et
s'endort. La maison du Roi se composa seulement, durant ses premières années, de la
bonne nourrice Raymunda et de la vieille
senora Tacon, qui, après avoir été gouver-
nante des filles de la Reine Isabelle, puis du
Roi Alphonse XII, a eu à surveiller le jeune
Roi.

La minorité de Sa Majesté le Roi Alphonse XIII

Il est de tradition dans les maisons d'Autriche et de Bourbon qu'un prince doit être catholique et soldat : on a soigné à ce second point de vue l'éducation du Roi. La constitution chétive de l'enfant ne permit pas de commencer son instruction avant sa sixième année Mais sa vive intelligence lui facilita la tâche ; après trois mois, il lisait correctement et commençait à écrire. La Reine désigna pour diriger les études de son fils le général don Patricia Aguirre de Tejada. Successivement, le Roi fut initié aux mathématiques, trigonométrie, science militaire, stratégie, artillerie, physique, mécanique et chimie. Avec don Regino Zaragossa, il apprit l'histoire d'Espagne. Comme il convenait, l'éducation de Sa Majesté Très Catholique fut l'objet d'une sollicitude particulière. Il a appris le français avec un jeune membre de

la colonie française de Madrid. Il s'est per-
fectionné dans la langue allemande, qu'il
avait naturellement apprise de sa mère, avec
le principal professeur de l'Ecole allemande
à Madrid. En outre, il parle l'anglais depuis
l'enfance et il a continué ses études en cette
langue avec M. Merry del Val, du ministère
des affaires étrangères, le fils de l'ancien
ambassadeur d'Espagne auprès du Saint-
Siège.

Le Roi est un poète de la grande école
classique. Il a traduit en espagnol, avec un
goût parfait, des odes d'Horace. C'est un
savant, car son érudition est parfaite. Il est
musicien, peintre et dessine d'une manière
admirable.

La direction suprême de l'éducation royale
a appartenu à Mgr Cardona, évêque de Sion,
qui reste le grand-chapelain de la Cour, le
grand-aumônier. L'évêque de Sion est tout
dévoué à la dynastie alphonsiste ; il a con-
tribué à réfréner dans le clergé espagnol les
inclinations carlistes. Le jeune Roi est réel-

lement très désireux d'être au courant de ce qui se passe en Espagne et à l'étranger et de se rendre compte des hommes et des événements par lui-même et sans intermédiaires intéressés. Cette activité intellectuelle n'a pas empêché le fils de doña Christine de consacrer des heures à son entraînement physique. Il s'est de bonne heure mis à faire de la gymnastique, de la bicyclette, des armes, de l'équitation, car comme son père, il aime les chevaux, et la chasse le passionne déjà. Il est ravi toutes les fois qu'on le laisse aller faire des battues ou même simplement poursuivre le gibier dans les chasses gardées de la Casa de Campo et de El Pardo, près Madrid, avec quelques compagnons de son âge, ses professeurs, son beau-frère, le prince Charles de Bourbon Caserta. Pour ces parties, il met le feutre à larges bords, la jaquette courte, la couverture castillane sur l'épaule, les jambières et les bottes ferrées des chasseurs de son pays, et ce costume lui va très bien.

Don Vincente Santa-Maria de Parade, une des gloires du professorat espagnol, et qui, depuis 1886, faisait partie de la direction de l'instruction publique, fut chargé, en 1900, d'enseigner au jeune Roi l'économie politique et toutes les notions que comporte la forme constitutionnelle du gouvernement. En 1900, il reçut ses premières leçons d'escrime, les exercices corporels ayant suivi une savante gradation en vue de fortifier sa débile constitution. Ce plan scientifique de développement musculaire a parfaitement réussi et le jeune Roi mesure pour ses seize ans un mètre soixante-treize. Le capitaine don José Coello, peintre estimé, a initié Alphonse XIII aux secrets de la peinture ; il lui a fait connaître l'histoire et les diverses écoles. On a développé chez le jeune Roi l'instinct militaire de sa race, et il y a montré les meilleures dispositions ; il a vite pris goût à tout ce qui concerne le métier des armes. D'abord on lui a fait faire l'exerciçe avec quelques jeunes nobles de haute lignée. Il a ainsi

appris tout ce qu'il eût appris à l'école militaire de Tolède avec les cadets d'infanterie
dont il porte l'uniforme, dans presque toutes
les occasions où il paraît en public.

L'instruction et l'éducation du plus jeune
des souverains ont été des plus complètes. Il
a eu les professeurs les plus éminents et son
admirable Mère l'astreignait à l'exacte obser-
vance d'un emploi du temps rigoureusement
établi.

Voici comment étaient réglées les journées
du Roi :

Levé à 7 heures en toute saison, il déjeune en compagnie de l'instructeur de
garde, puis va saluer la Régente, assiste au
déjeuner de sa Mère et de sa sœur et se met
au travail vers 9 heures. Chaque période
de deux heures d'étude est suivie d'une
récréation de même durée, récréation pendant laquelle le jeune Roi se livre avec
ardeur aux sports.

A midi, il déjeune en compagnie d'un des
généraux chefs d'études et du professeur de

garde. Après le déjeuner, il prend sa leçon d'allemand ; puis, pour profiter du soleil pendant l'hiver, se promène de deux heures à quatre heures à la Casa de Campo ou sur la route du Pardo. Au retour de la promenade, il goûte en compagnie de la Reine ou des enfants qui suivent les exercices militaires. La littérature, pour laquelle il montre, à l'exemple de son père, un véritable penchant, l'occupe ainsi que l'histoire, jusqu'à sept heures du soir, heure à laquelle il dîne en compagnie des infantes. Après le dîner, il joue du piano jusqu'à neuf heures, puis il se retire dans ses appartements. Trois jours par semaine, de deux à quatre, le Roi s'occupe des exercices militaires en compagnie des divers jeunes gens de son âge, parmi lesquels les fils du comte de Revillagigedo, ceux du comte de Villariezo (petit-fils du duc de Medina Sidonia), le fils de la marquise de Monistrol, celui du comte d'Almodovar, et de M. Aguirre de Rejada, son professeur. Sous la surveillance d'un officier, les enfants font

les exercices militaires, chacun, y compris le
Roi, ayant son armement conforme au règle-
ment de l'armée. L'assiduité du Roi, depuis
son âge le plus tendre, au picadero du palais,
a fait d'Alphonse XIII un excellent cavalier :
il monte à cheval avec une audace et une
légèreté incomparables.

De l'enfance du Roi, tous les événements
qui comptent furent l'occasion de fêtes, de
solennités et d'œuvres de bienfaisance. Les
premières chaussures, la première dent, la
première culotte furent le prétexte à de généreuses distributions de souliers et vêtements
aux enfants pauvres de Madrid ; une fête mer-
veilleuse fut offerte en 1888, à tous les
enfants des écoles, 12.000 enfants défilèrent
sur le champ de courses devant le petit Roi
qui leur envoyait des baisers ; puis les années
passèrent, et bientôt, à la fin de 1891,
S. M. Alphonse XIII connut l'ennui nécessaire à tous et surtout aux jeunes princes des
premières années d'études sous l'œil sévère
des professeurs. Son enfance exigea des

soins particuliers et incessants. Sa mère le couva avec un dévouement infatigable de tous les instants. Chaque indisposition, de celles que le développement des organes détermine chez toutes les créatures, trouva cette mère vigilante au chevet de son fils, prête à le disputer à la maladie et à la mort, qui, une fois surtout, rôda, insidieuse et menaçante, autour du berceau royal. Grâce à ce dévouement constant, l'enfant chétif devint un adolescent solide, saturé d'oxygène sous les ombrages de la Casa de Campo et sur la plage basque de Saint-Sébastien. Toute l'enfance du petit Roi s'écoula, en effet, au grand air, au lieu de se flétrir sous les lambris dorés du palais de Madrid.

Un jour que le prince Albert de Prusse vint à Madrid, chargé par l'Empereur Guillaume II de conférer à l'Enfant-Roi la décoration de l'Aigle Noir, M. Silvela, président du conseil, qui avait remarqué la gravité du jeune souverain, la manière parfaitement digne dont il avait reçu les princes étrangers, et le ton du discours prononcé en français, dit d'Alphonse XIII : « Il ressemble à son père ».

Ce mot suffit à l'éloge de l'enfance du jeune souverain, car on sait qu'Alphonse XII était une des intelligences les plus élevées qui soient.

Grâce aux soins incessants d'une Mère incomparable, l'enfant est devenu un robuste adolescent, plein de vie et de santé. De taille plus élevée que la moyenne de ses jeunes sujets, il a le teint frais, les cheveux châtains, naturellement bouclés, l'œil brun, clair et très expressif ; les traits de son visage sont réguliers et fins. Le Roi est affable, affectueux, charitable et bon. Il joue du piano avec les infantes Maria-de-las-Mercédès et Marie-Thérèse, ses sœurs, qu'il affectionne. Il aime tous les divertissements et tous les sports. Les progrès scientifiques le séduisent ; il a un laboratoire modèle de photographies et prend la peine de les développer lui-même. Il est causeur charmant comme était son père. Un jour à Madrid des ouvriers furent admis à le complimenter, et celui d'entre eux qui parlait commença en ces termes : « S'il est permis à un humble ouvrier de s'adresser à un Roi... — Et pourquoi pas? dit aussitôt le jeune Roi en se tournant vers son gouverneur. Nous sommes ouvriers tous deux. Il fait de la toile ; et moi, demain, j'aurai à faire de l'ordre. Mon travail lui permettra de jouir du prix du sien !... »

C'est surtout à sa Mère que le jeune Souverain ressemble. D'après son dernier portrait, on dirait même que s'est accentué sur son visage un trait de race : la lèvre saillante des Habsbourgs. Tous ceux qui ont vu la Reine Marie-Christine ne peuvent que souhaiter à son fils d'avoir hérité du « grand air » et de la suprême distinction de l'ex-archiduchesse d'Autriche. Profondément pénétré des grands principes religieux, des traditions séculaires de sa Maison, le Roi est comme tous les Bourbons, un catholique et un soldat. En 1899, il fut aspirant de marine et prit grand intérêt à la vie en mer. De l'automne 1901 datent les premiers exploits cynégétiques du Roi. Les 80 kilomètres de parc qui s'étendent du palais de Madrid à l'Escurial fournissent à sa jeune ardeur un champ fertile en surprises. Aux grandes fêtes, il porte, sur l'uniforme des cadets de l'infanterie de Tolède, les insignes de la Toison-d'Or.

Le rôle efficace de la Reine Régente

Celle qui pendant dix-sept ans s'est assise sur le trône de saint Ferdinand et a porté la couronne souveraine, restera, pour toujours, nimbée d'une auréole radieuse, celle de ses rares vertus.

Reine Mère ! Elle l'a été dans la plus large acception de cette appellation, depuis la triste nuit du 24 novembre 1885, où elle perdit son Auguste Epoux, enlevé à la fleur de l'âge à son amour et à celui de ses sujets, parmi lesquels il jouissait d'une si juste popularité.

L'Epouse enjouée et rieuse que le feu Roi dénommait juvénilement Christi, devint tout d'un coup la Régente prudente, méditative et prévoyante, sérieuse, presque austère, remplie de tact et de fermeté, que le monde civilisé a appris à respecter durant la longue .période qu'elle a porté le lourd sceptre de Castille.

A vingt-huit ans, Mère, Veuve et Reine, la fille des Habsbourgs dut se hasarder toute seule à gouverner un pays qui n'était pas le sien, à veiller à la fois sur un berceau et sur un trône, à se faire médiatrice. La Reine Régente n'a pas commis de faute, elle a toujours suivi la ligne la plus conforme à l'intérêt de l'Espagne ou à celui de son jeune Roi. C'est la vérité qui veut que l'on dise que l'amour maternel fit ici encore un de ses miracles, que du cœur d'une mère sortirent les inspirations d'une politique qu'eût souvent dictée ou ratifiée la raison d'un homme d'Etat et que ces dix-sept ans de régence auront dans l'histoire de l'Espagne au xixᵉ siècle une place honorable. On peut dire que la régence de Marie-Christine a marqué un progrès réel.

L'attention soutenue que réclamait l'éducation royale n'empêcha nullement la Régente de se consacrer, avec une ardeur pareille, aux soins du gouvernement et au progrès national. Jamais souveraine n'a accompli avec plus d'intelligence et d'énergie tâche plus délicate. Passer sans transition d'une existence presque claustrale à l'exercice du pouvoir suprême, c'est une épreuve singulièrement dangereuse, dont bien peu de femmes auraient pu triompher. La Reine Marie-Christine a fixé le but à atteindre avec une remarquable clairvoyance, et, sans s'égarer dans les dédales du parlementarisme, elle l'a poursuivi avec l'imperturbable assurance d'une volonté sûre d'elle-même. Son premier acte fut d'appeler au pouvoir le chef du parti libéral, M. Sagasta. En obéissant aux vœux de la majorité, elle affirmait sa résolution de se conformer rigoureusement aux règles de la constitution parlementaire espagnole. Résolution qui ne s'est jamais démentie. Conservateurs et libéraux se sont succédé au pouvoir au cours de ces dix-sept années. L'admirable Reine s'est toujours tenue au-dessus des partis, soucieuse de la prospérité de l'Espagne. Elle encouragea les initiatives, réveilla les énergies. Tant d'efforts ne sont pas restés infructueux.

La Reine Régente, pendant les dix-sept années de son gouvernement, n'a pas cessé de faire preuve des plus insignes qualités, personnelles et politiques ; elle est restée toujours égale à elle-même, dans la prospérité des premiers jours comme dans les tristesses de ceux qui ont suivi. Le peuple espagnol, qui l'avait accueillie d'abord avec quelque réserve, a été conquis bien vite par sa droiture, par son amour profond pour son pays adoptif, par la sollicitude intelligente dont elle entourait son fils.

Beaucoup de Castillans de la vieille roche reprochaient à la Régente son origine autri-

chienne ; ils feignaient de ne pas la croire
sincèrement attachée à sa nouvelle patrie.
Quand elle devint, non plus seulement la
Régente, mais la Mère du Roi, ils l'assurè-
rent de leur fidélité. L'humeur chevaleresque qui, depuis le Cid, n'a cessé de s'épa-
nouir dans l'âme espagnole, s'exalta. Et la
Veuve et l'Orphelin purent, en toute sécu-
rité, s'appuyer sur elle. Ils n'auraient pu
trouver un plus solide rempart. La Reine
Marie-Christine ne gagna pas immédiatement le cœur de ses sujets. Elle s'imposa à
leur respect et à leur estime ; elle les tou-
cha par la pureté de sa vie et par l'exalta-
tion de son amour maternel. Douée de toutes
les vertus qui sont l'apanage des âmes d'élite,
sa devise est : la Clémence et la Charité.

Le maintien de ce trône d'enfant a été dû
aux causes mêmes qui avaient paru devoir le
compromettre. L'âme espagnole étant essen-
tiellement chevaleresque, elle ne pouvait
manquer d'être touchée par le spectacle de
cette femme, à qui une mort prématurée

venait d'enlever son mari, et qui s'employait, avec le dévouement qu'inspire l'amour maternel, non seulement à sauvegarder les droits dynastiques d'un enfant posthume, mais aussi à entourer de soins attentifs sa santé si délicate. Entreprendre de renverser, ou seulement de combattre la dynastie dans de pareilles circonstances, eût presque paru une lâcheté.

La Reine Christine avait envoyé à M. Sagasta une lettre dans laquelle elle prenait congé, en termes émus, de la nation espagnole et lui témoignait sa reconnaissance pour le concours qu'elle avait rencontré durant sa régence, et elle terminait en faisant des vœux pour que tous les Espagnols se groupassent autour du Roi afin de lui inspirer la force et la confiance nécessaires pour réaliser les espérances qu'on plaçait en lui.

L'histoire contemporaine compte parmi les souveraines des noms charmants tels que : La Reine Marie-Christine d'Espagne, la reine Louise de Danemark, l'impératrice Marie-

Feodorovna de Russie, et la reine Wilhelmine. On évoquera plus tard les noms de ces impératrices, de ces reines bienfaisantes douées de toutes les vertus, parce qu'elles sont les plus beaux joyaux de l'humanité.

De jour en jour, d'année en année, d'étape en étape, au milieu de toutes les inquiétudes et de toutes les angoisses maternelles, compliquées et accrues d'autres soucis, la Reine Régente a patiemment, noblement accompli la lourde tâche que son époux, le Roi Alphonse XII, lui avait léguée en mourant. Elle a mené son fils à l'âge d'homme, à l'âge de Roi. Elle a gouverné sagement, prudemment, désireuse avant tout de remettre entre les jeunes mains de son fils une Constitution intacte. Ce triple devoir, faire de l'enfant un homme et un souverain, maintenir l'intégrité de la couronne au milieu de l'agitation des partis, elle l'a courageusement accepté jadis dans le renoncement de son deuil d'épouse, et l'a depuis rempli sans défaillance. Combien les années durent paraître

4

longues à cette femme, dont tous les désirs devaient devancer l'avenir, évoquer cette heure du couronnement, enfin venue ! Impatiente de voir son fils grand et robuste, elle l'était encore de le voir instruit de ses devoirs, conscient de sa mission et un double tourment devait emplir sa vie de Mère et de Reine.

La Reine Marie-Christine a vu l'Europe s'intéresser à son destin de Veuve et de Mère, saluer sa vaillance et son dévouement.

Ce que cette Mère sublime déploya de sagesse, de modération, de tact et de prudence pendant ses seize années de régence, est inénarrable. Le patriotisme de la nation espagnole et la volonté confiante de la Reine Régente devaient ramener la prospérité et la paix dans le pays. Maintenant, Espagne et Roi d'Espagne sont étroitement unis. Celle qui est retirée dans ses appartements du palais d'Orient peut avoir un sourire d'orgueil. Sa volonté de Mère et de Reine est couronnée de succès. En toutes circonstances, pendant la durée de la Régence, le peuple lui fit comprendre qu'il participait à ses douleurs, à ses angoisses, à tous les sentiments poignants ou joyeux qui gonflaient son cœur. Elle-même aimait à incliner son émotion vers ce peuple qui la ressentait. Il y eut toujours communauté de sentiments entre le Roi, la Reine et le peuple espagnol et l'admiration de ce dernier pour sa Souveraine si magnanime se transforme en une affection dévote pour le Roi Alphonse XIII.

L'Espagne ne pouvait guère compter trouver un monarque qui la conduisit à de meilleures destinées que la Reine Régente. Femme, elle a montré au pouvoir toutes les qualités les plus viriles. Etrangère, elle s'est assimilé si bien l'âme nationale que l'on peut dire que nul ne l'incarna jamais mieux.

Elle a installé son Fils bien aimé, sur le trône de son mari dont Elle fut la fidèle gardienne. Comme son aïeule Marie-Thérèse, elle mérite qu'on la nomme du nom de « Roi ».

C'est avec orgueil qu'Elle peut considérer son œuvre. Elle a le droit d'être fière de ses efforts car elle fut la triomphatrice de la journée du 27 mars 1902, à jamais mémorable pour l'Espagne. C'est vers Elle que doivent aller les plus justes hommages.

C'est bien d'Elle que l'on peut dire que son sourire est un cadeau, et ce sourire, qui est le gage de sa sympathie, vous reste toujours acquis une fois que vous l'avez mérité et obtenu. Avec cette droiture implacable de cœur et d'esprit, une touchante simplicité se rencontre chez Elle.

Par un sentiment chevaleresque qui fait honneur au peuple espagnol tout entier, les partis opposants : carlistes, républicains, séparatistes, ont respecté le pouvoir suprême parce qu'il était aux mains d'une femme. Grâce à la sagesse de ses hommes politiques, l'Espagne, dépouillée de ses colonies à la suite d'une guerre malheureuse dans laquelle ses soldats montrèrent un courage héroïque, préférant la mort à la défaite, l'Espagne, où l'énergie nationale semblait assoupie, s'est relevée rapidement. Elle a depuis hautement affirmé sa vitalité, son industrie et son commerce sont devenus flo-.rissants.

Il faut rendre à la Mère d'Alphonse XIII toute la justice qui lui est due. Elle a été une épouse irréprochable, une veuve parfaitement digne, une mère tendre, dévouée, éclairée, une Reine pleine de sagesse et d'intelligence. Selon une heureuse expression : elle aura conservé son Roi à l'Espagne et l'Espagne à son Roi. La Reine s'est retirée complètement des affaires. Mais, elle laisse au jeune Roi, selon l'expression de M. Sagasta « une éducation morale qu'il n'oubliera jamais, pas plus qu'il n'oubliera le grand exemple et les sages conseils qu'elle lui a prodigués ».

Il nous est impossible d'oublier, au moment où expirent les pouvoirs de la Reine Régente, que, sous son gouvernement, la France et l'Espagne ont toujours entretenu les meilleurs rapports. Elle a voulu elle-même nous le rappeler, en conférant au Pré-sident de la République l'ordre insigne de la Toison d'Or, « en confirmation des senti-ments de vive sympathie et des liens d'étroite amitié qui existent heureusement entre l'Es-pagne et la France ». Cette amitié, nous sommes convaincus que l'ère nouvelle la verra se maintenir et s'accentuer dans l'in-térêt et le bien des deux Nations amies.

Tout concorde donc à resserrer ces liens naturels d'amitié qui unissent la France et l'Espagne. L'intérêt des races latines n'est-il pas d'ailleurs évident ? Ne doivent-elles pas s'entendre pour conserver leur place dans l'équilibre européen ? Trois races, trois reli-gions, se partagent l'Europe : la race latine, la religion catholique ; la race germanique, la religion protestante ; la race slave, la reli-gion grecque. Inférieurs en nombre, les Latins, sont puissants par l'influence intellec-tuelle. Les Latins peuvent donc encore lutter contre la formidable pression des races israélite, germanique et slave, mais cela à la condition de rester étroitement unis et de défendre jalousement conlre toutes les tentatives leurs traditions et leurs croyances communes.

La France, avec toute l'Europe, avec le monde entier, fera des vœux pour que, sous le règne qui commence, l'Espagne retrouve la prospérité dont elle est digne. Et sur toutes les lèvres et dans tous les cœurs il n'y a que des louanges pour la Reine Marie-Christine, dont la lourde tâche s'est achevée dignement.

Puisse le jeune Roi, élevé à si bonne école, suivre les traces lumineuses de son Auguste Mère ! Tout ce qu'on sait déjà de son caractère permet de l'espérer.

Souhaitons donc au fils de cette admirable Régente et Mère, Marie-Christine de Habsbourg, un règne favorable, et formons des vœux pour la prospérité de la Nation Amie de la France, qui, espérons-le, sera bientôt son alliée.

Vive la Reine Mère !

Vive le Roi!

Vive l'Espagne !

Les fêtes du couronnement

Les princes venus à Madrid pour assister au couronnement sont : le prince Albert de Prusse avec son fils, le duc de Gênes, accompagné par six officiers italiens et un chambellan du Roi ; le grand-duc Wladimir, accompagné par un général et un colonel ; le prince Nicolas de Grèce, avec M. Delannys, ministre de Grèce à Paris ; le prince héritier de Monaco, avec deux diplomates ; le prince de Suède et Norvège, duc de Nericia, avec un grand chambellan et un officier ; l'archiduc autrichien avec les princes Auersperg et Palffy, le prince Christian-Charles de Danemark et un officier ; l'infant Don Alphonso, duc d'Oporto, frère du roi de Portugal, avec l'amiral Capello et deux officiers ; le prince héritier de Siam ; le duc de Connaught, frère du roi d'Angleterre,

accompagné par le duc de Wellington,qui est
grand d'Espagne, avec le titre de duc de
Ciudad Rodrigo, l'amiral Seymour, le général Walker-Forestier. La mission belge, composée de M. le prince de Ligne, de M. E. Gai-
fier, conseiller d'ambassade, de M. le vicomte
Niculant, du comte de Lannoy ; la mission
des Etats-Unis. Puis les représentants extraordinaires de la Bulgarie, de la Hollande,
de la Roumanie, de la Serbie, de la Turquie,
de la Perse et le Nouveau-Monde était représenté par des envoyés du Brésil, de la
Colombie, de Costa-Rica, du Chili, du Pérou,
de l'Equateur, de Guatemala, du Mexique,
de Nicaragua, du Paraguay, de Salvador, de
l'Uruguay, de l'Argentine et de la Bolivie.
Le Maroc avait envoyé El Hadj Hamed
Torres et trois secrétaires, la Chine, le général Chang-Fei et trois mandarins, le Japon,
un ministre plénipotentiaire et un officier.

Le Pape était représenté par le nonce
Rinaldi, qui a offert au jeune Roi une mosaï-
que superbe.

La mission française était composée du général Florentin, grand chancelier de la Légion d'honneur. Il commandait pendant la campagne de 1870 la première partie du 11e régiment d'artillerie. Après avoir vaillamment combattu à Borny, à Rezonville, à Saint-Privat, il fut blessé grièvement à Servigny. Emporté à demi-mort du champ de bataille, il subit l'amputation de l'avant-bras droit, et, depuis, c'est avec un avant-bras et une main articulés que se sert ce vaillant officier. Général de brigade en 1889, divisionnaire en 1894, il était nommé en 1898 commandant supérieur de la défense du camp retranché de Paris et deux ans plus tard gouverneur militaire de Paris. Le général Florentin, est depuis septembre 1901 grand chancelier de la Légion d'honneur.

M. Philippe Crozier, qui était chef de protocole depuis le 7 octobre 1895, est né à Paris en 1857. Ambulancier volontaire pendant le siège de Paris, il entra à l'Ecole polytechnique en 1875, puis à l'Ecole de

Fontainebleau d'où il sortit lieutenant. Il abandonna la carrière militaire pour la diplomatie où il réussit rapidement. Après avoir été chef de cabinet de M. Ribot, alors ministre des affaires étrangères, il occupa des postes diplomatiques à Berne, à Luxembourg et à Sofia. Enfin, il fut rappelé à Paris où il succéda au comte d'Ormesson. M. Crozier, qui est l'homme du monde officiel le plus décoré, est actuellement ministre de France à Copenhague.

Le commandant Beibell, attaché à la maison militaire du président de la République, fit partie de la vaillante mission qui eut l'honneur de vaincre Rabah. Officier des plus distingués, soldat d'une solidité à toute épreuve, il est particulièrement estimé de ses chefs.

Le commandant Taurignac, chef du cabinet de la chancellerie de la Légion d'honneur, et M. de la Bégaisière, attaché au cabinet de M. Delcassé, faisaient également partie de la mission avec M. Patenôtre qui était resté à cette époque ambassadeur à Madrid. M. Patenôtre débuta en 1880 comme attaché au cabinet de M. Spuller, alors sous-secrétaire d'Etat aux affaires étrangères. Depuis, il remplit auprès des différents ambassadeurs les fonctions d'attaché d'ambassade, et enfin, depuis dix ans, il occupe le poste d'ambassadeur, d'abord à Washington, puis à Madrid où son départ fut vivement regretté.

Le 14 mai, en l'honneur du général Florentin et de la mission française, M. Patenôtre a donné une soirée en l'hôtel de l'ambassade ; parmi les invités on remarquait : le marquis de La Vega de Armijo, président de la Chambre des députés ; le général Weyler, ministre de la guerre ; le duc de Veragua, ministre de la marine ; M. Sigismond Moret, ministre de l'intérieur ; le duc de Sotomayor: grand maître du Palais ; le duc de Vista-Hermosa, grand chambellan de la princesse des Asturies ; le général marquis de Pacheco, le marquis de La Mina ; le marquis de Zar-

cho, premier introducteur des ambassadeurs ; le commandant Echague, attaché par
S. M. la Reine, à notre ambassade extraordinaire, en qualité d'officier d'ordonnance du
général Florentin, puis le corps diplomatique et l'élite de la haute société madrilène,
tous désireux de témoigner leurs sympathies
à la France et à ses représentants.

La cérémonie de la remise des ordres étrangers au Roi Alphonse XIII

Le 16 mai a eu lieu dans le salon des
ambassadeurs la cérémonie de la remise à
Alphonse XIII des insignes de la Jarretière,
des Agdas de Perse et des Séraphins de
,Suède. Le Roi, entouré de la famille royale,
des ministres, a reçu la mission extraordinaire du roi d'Angleterre. Il portait l'uniforme d'un régiment d'infanterie allemande,
dont il est colonel. Le duc de Connaught, en
uniforme de feld-maréchal anglais, s'est
avancé vers le jeune souverain, et lui a atta-

ché, à la jambe droite, la Jarretière. Puis il a félicité le Roi et l'a exhorté à observer les devoirs des Chevaliers de l'Ordre Le Roi l'a remercié et, selon la règle, lui a remis son épée, qui sera déposée à Windsor avec les épées des Chevaliers de la Jarretière.

Le prince Eugène de Suède, vêtu du grand uniforme de major des hussards de la garde, a passé au cou du Roi le collier des Séraphins en le félicitant. Le collier des Séraphins, superbe travail de joaillerie figurant des Séraphins d'or entrelacés, ne s'accorde qu'aux chefs d'Etat, princes régnants et correspond à l'Annonciade, à la Jarretière, à la Toison d'or.

Le prince Arfa Murza khan Damche, ambassadeur de Perse à Constantinople, a remis au jeune monarque l'ordre des Agdas, lui a offert une lettre autographe du shah et a lu une courte allocution où il a rappelé que depuis trois siècles, c'est-à-dire depuis le règne de Philippe II, c'est la première fois

que le shah envoie une mission extraordinaire en Espagne.

Le 17 mai, la Régente a signé les décrets
conférant la grand'croix de Charles III aux
ambassadeurs extraordinaires, la grand'croix
d'Isabelle la Catholique aux chefs des missions extraordinaires, celle du Mérite militaire aux ambassadeurs de Perse et du Maroc,
et la dignité de grand'croix du Mérite militaire, au grand-duc Nicolas de Russie. Le
Roi a conféré la Toison d'or à M. Sagasta, à
M. Armijo, ainsi qu'au duc de Sotomayor.

La Reine Régente a accordé des titres de
comtes au général Moreno, à l'amiral Aguirre
de Tejada, au général Delgordo, et une distinction au marquis Pacheco. Elle a donné la
grand'croix d'Isabelle la Catholique à son
secrétaire particulier, M. Aguilar. Elle a
accordé à beaucoup de dames de la noblesse
aux unes le titre de dames d'honneur, aux
autres la croix et bande de Marie-Louise.

La Reine Régente voulant donner une nouvelle preuve de son amitié envers la France,

a conféré au président de la République l'ordre de la Toison d'or. La Reine a adressé, à cette occasion, la dépêche suivante à M. Emile Loubet :

« Son Excellence le Président de la

. République française,

« A l'expiration de ma régence, je viens de vous conférer l'ordre insigne de la Toison d'or, en confirmation des sentiments de vive sympathie et de liens d'étroite amitié qui existent heureusement entre l'Espagne et la France.

MARIE-CHRISTINE »

Le célèbre ordre de chevalerie, fondé par Philippe le Bon, duc de Bourgogne, en 1429, fut, en quelque sorte, dédoublé à la mort de son descendant Charles-Quint. L'empire de Charles-Quint se désagrégeant, l'Espagne d'un côté, l'Autriche de l'autre, la Toison d'Or, depuis cette époque, fut à la fois ordre autrichien et ordre espagnol, tous deux, d'ailleurs, également valables et reconnus, ne différant l'un de l'autre que par des détails héraldiques et les conditions de recrutement, mais propriété exclusive l'un du souverain de l'Escurial, l'autre de l'Empereur de Vienne.

L'ordre de la Toison d'Or est un des plus célèbres de la chrétienté. Les insignes consistent en un mouton doré, ou une toison d'or, suspendu au cou par un ruban ou par un collier. Le costume se compose d'une robe en velours rouge foncé, doublée d'un taffetas blanc, d'un long manteau en velours pourpre, enrichi de broderies d'or, sur lequel sont représentés les insignes. La famille du défunt doit rendre le collier et les insignes au chapitre de l'ordre. C'est de l'Escurial que vient la Toison d'or de M. Loubet. Elle ne pourrait. du reste, venir d'ailleurs, car l'ordre autrichien, plus fidèle à la tradition moyenâgeuse de Philippe le Bon, ne comprend que des personnages de sang royal ou princier, alors que l'espagnol peut aller à des personnages illustres, par leur mérite ou par leurs fonctions et non pas seulement par leur naissance : présidents de républiques amies, hommes d'Etat sans noblesse mais de haut renom, personnages fameux par leur situation, par leur science ou par leurs talents.

Tous les chefs d'Etat français, depuis la guerre de 1870 ont reçu la Toison d'or espagnole. M. Thiers, le général de Mac-Mahon, M Jules Grévy, le président Félix Faure ont, avant M. Loubet, bénéficié de cette haute marque d'estime diplomatique.

Le nombre maximum des membres de la Toison espagnole est de cinquante. Il est même bien rare que ce chiffre soit atteint, la mort allant souvent plus vite en besogne que les chancelleries. Comme un chevalier décédé n'est pas immédiatement remplacé — il faut de grands titres et aussi des occasions de nominations — il se trouve parfois que l'ordre ne compte que quarante-sept, quarante-six et quarante-cinq membres, quelquefois moins encore.

En 1898, au moment de l'affiliation de

M. Félix Faure, on a eu l'occasion de dénombrer les chevaliers alors existants. Il y en avait quarante-trois. Il n'est pas sans intérêt de rappeler cette liste, en accolant à chaque la date de son entrée dans la noble confrérie :

Le roi don François d'Assise (1822); le comte d'Aquila (1830); le prince de Joinville (1846); le roi Edouard VII (1852); le duc de Parme (1854); le prince Louis-Ferdinand de Bavière (1859); le duc de Marchena (1862); le roi de Danemark (1864); le roi de Portugal (1866); le roi de Grèce (1871); le comte de Flandre (1873); le roi de Suède (1872); le comte de Cheste (1875); le duc de Sesto (1875); le duc de Saxe-Weimar-Eisenach (1875); l'empereur Guillaume II (1875); le grand-duc de Bade (1878); don Arsenio Martinez de Campos (1878); le prince de Naples (1878); l'infant don Antonio (1880); le Sultan (1880); le prince héritier de Suède (1881); l'empereur Nicolas II (1883); le prince héritier de Danemark (1883) ; le prince Henri de Prusse (1883) ; l'empereur du Japon (1883); le duc d'Oporto (1883) ; le duc de Gênes (1888) ; le duc d'Edimbourg (1888) ; le duc de Sparte (1889) ; le duc de Medina-Sidonia (1890) ; M. Sagasta (1891); le grand-duc Wladimir (1891) ; le roi de Wurtemberg (1892) ; le duc de Veragua (1892) ; le duc de Bragance (1892) ; le duc d'York (le prince de Galles actuel) (1893) ; M. Guillermo Chacon (1895); le marquis del Pazo de la Merces (1895) ; M. Eugenio Montero Rios (1895) ; le grand-duc Georges de Russie (1896) ; le prince du Japon Yoshi Ito (1896) ; le prince Ferdinand de Bourbon (1897) ; M. Félix Faure (17 novembre 1898).

Sur ces quarante-trois, il y a eu de nouveaux vides en cinq ans : c'est le roi François d'Assise, le prince de Joinville, M. Sagasta, le grand-duc de Bade.

Les membres de la mission chargée de remettre à M. Emile Loubet, président de la

République les insignes de la Toison d'Or
ont été reçus au palais de l'Elysée.

A l'arrivée des voitures du cortège, escor-
tées par un escadron de cuirassiers, un ba-
taillon d'infanterie, avec drapeau, a rendu
les honneurs. Les tambours ont battu et les
clairons ont sonné aux champs. La musique
a joué l'hymne national espagnol. Les membres de la mission ont été reçus, au bas du
perron, par les colonels Bouchez et Sylvestre et, au haut de l'escalier, par le général
Dubois, secrétaire général de la présidence,
qui les a conduits dans le salon des ambassa-
sadeurs, où se tenait le président de la République. Aux côtés du chef de l'Etat se trouvaient : MM. Combes, président du Conseil ;
Delcassé, ministre des affaires étrangères ; le
général Florentin, grand chancelier de la
Légion d'honneur ; le marquis del Muni,
ambassadeur d'Espagne en France, et les
hauts fonctionnaires de l'ambassade ; Messieurs Abel Combarieu, secrétaire général
de la présidence ; Henry Poulet, chef du

secrétariat particulier et, les officiers de la maison militaire du président et M. Crozier, directeur du protocole.

Le duc de Sesto, chef de la mission, qui, sur son brillant uniforme, portait le grand cordon de la Légion d'honneur et le collier de la Toison d'Or, après avoir salué le chef de l'Etat, a donné la parole au marquis de Villalobar, greffier de l'ordre, qui a lu le brevet conférant au président de la République le collier de la Toison d'Or. Cette lecture terminée, le duc de Sesto a remis au chef de l'Etat une lettre autographe de la Reine Marie-Christine. Il a ensuite passé au cou du président les insignes de l'ordre : il a prononcé, en même temps, la formule suivante :

« Don Alphonse XIII, Roi d'Espagne, chef et grand maître de l'ordre voulant donner à Votre Excellence un gage de la haute estime que Votre Excellence lui inspire, et se flattant de vous voir contribuer à l'éclat et à l'élévation de cet ordre insigne, vous en fait chevalier confrère.

« L'acceptez-vous et promettez-vous ce que Sa Majesté attend de Votre Excellence ? »

M. Loubet a répondu :

« Je le promets et je l'accepte. »

Le président de la République a ajouté qu'il était extrêmement sensible à l'honneur qui lui était fait et il a chargé le duc de Sesto de transmettre ses remerciements au Roi Alphonse XIII et à la Reine Marie-Christine.

Le soir, le président de la République et Mme Loubet ont offert, en l'honneur du duc de Sesto, un dîner non suivi de réception. Le président de la République portait les insignes de la Toison d'Or suspendus à un ruban rouge. Les membres de la mission et de l'ambassade portaient les décorations françaises dont ils sont titulaires. La musique de la garde républicaine s'est fait entendre pendant le repas.

L'avènement au trône d'Espagne du Roi Alphonse XIII, le plus jeune des souverains.

Le samedi 17 mai 1902, Sa Majesté le Roi Alphouse XIII accomplissait sa seizième année. Pour recevoir les hommages des ministres, des ambassadeurs, des envoyés de tous les empires et de tous les royaumes le jeune Roi a reçu le sceptre des mains de son Auguste Mère. La Reine régente avait choisi les personnages qui forment la maison civile de son fils. Le grand maître du Palais est le duc de Sotomayor. Le comte d'Almodavar est grand chambellan, le marquis de la Mina, fils aîné de la duchesse de Fernan-Nunez, a été nommé grand écuyer.

Le marquis de Mina est marié à une des plus jolies femmes de la Cour, née Sylvia Xiquena, fille du feu comte de Xiquena qui fut ministre d'Espagne en Belgique et plusieurs fois ministre dans des cabinets libéraux à Madrid. La maison militaire du Roi est dirigée par le général Cerero avec trois généraux de division, un amiral,six colonels comme aides de camp.

Le fils de Christina de Habsbourg y Borbon sera-t-il le souverain attendu, un Philippe II très moderne, sachant reconstituer sur une base scientifique la vieille nation sur laquelle le soleil ne se couchait jamais ?

Nous le souhaitons à l'Espagne. Nous le désirons pour la gloire du jeune et bien aimé Roi.

Acclamons donc nous aussi le jeune Roi, et souhaitons-lui la qualité suprême qui, depuis Salomon, doit être le premier souhait d'un souverain, la sagesse.

Une renaissance commence, Dieu protège le Roi ! Dieu protège l'Espagne !

Le voilà roi d'Espagne, héritier de Charles-Quint, Majesté catholique. Pendant dix ans, Espagne et Reine d'Espagne furent penchées sur la couche fragile où dormait le petit être charmant, qui savait être adorablement malade, et pendant dix ans, les soins et la tendresse d'une mère et d'une nation,

au service de la patrie, pourra fonder à nouveau la puissance et la prospérité de l'Espagne.

C'est le vœu que pour elle forme la nation-
sœur.

Le Roi aura à commander aux forces armées. On reconnaît du reste qu'il a acquis les
aptitudes nécessaires à cette haute fonction ;
il est né pour veiller aux besoins de ses peuples, les questions ardues de l'économie politique, des réformes sociales lui ont été expli-
quées par un maître de grande valeur, les
événements auxquels il a lui-même assisté
l'ont mûri avant le temps.

Le jour de sa majorité, le Roi Alphonse XIII,
a adressé à l'armée la proclamation suivante :

Au moment de prendre moi-même le com-
mandement de l'armée et de la marine, j'ac-
complis un devoir dont mon cœur est fort
content, comme roi, comme général, comme
Espagnol, comme soldat je vous salue.

Valeur, courage, énergie, persévérance,
discipline, patriotisme, vous avez tout cela,

pour le bien-être de la patrie. Je vivrai tout près de vous. Je serai toujours avec vous dans les moments de péril. L'histoire parlera de moi lorsqu'elle s'occupera de vous.

Accomplissez toujours votre devoir, pour la plus grande splendeur de la nation, et vous compterez avec l'affection de votre roi.

A ses sujets il a dit :

Après avoir reçu les pouvoirs des mains de mon Auguste Mère, j'adresse au peuple Espagnol mon salut très cordial.

Je comprends la grandeur des devoirs qui m'incombent, et tous mes efforts auront pour but d'assurer la prospérité de la patrie, en m'inspirant des besoins et des idées de mon peuple.

Le message empreint de modestie et d'idées généreuses, traduit les espérances du peuple espagnol. Aussi tout fait espérer que le nouveau règne sera fécond et bienfaisant pour l'Espagne.

C'est le **17** mai, qu'a eu lieu l'intronisation d'Alphonse **XIII**, par le serment solennel prêté à la Constitution, par-devant les Cortès. Là était l'acte essentiel de ces fêtes, car on sait que dans l'esprit de la monarchie espagnole le Roi est Roi de par son droit, sans aucun sacre ni couronnement, bien qu'autrefois il y ait eu des couronnements.

Madrid est pavoisé, et la foule, dès la première heure, encombre les rues par où devait passer le cortège pour aller du palais royal au palais des Cortès. Les musiques militaires parcourent les rues en jouant, toutes les guitares sont sorties, et l'animation de la ville a vraiment un cachet particulier, une gaîté communicative. A deux heures, les sénateurs et députés sont réunis au palais du Congrès, où le bureau a été remplacé par une estrade magnifique que domine le trône. Les princes étrangers et les ambassadeurs extraordinaires font une entrée solennelle et prennent place dans les tribunes. Pendant ce temps, le cortège royal quitte le palais et s'achemine par les rues au milieu des acclamations de la foule.

Le défilé du cortège royal

Le cortège royal composé de quarante carrosses, celui des Princes et des ambassadeurs, de trente-cinq, quitte le Palais royaɪ pour se rendre d'abord au Congrès. Les musiques se rangent le long du parcours, aux débouchés des rues transversales : les soldats font la haie. Troupes de ligne, chasseurs à pied, garde civile à pied, génie, artillerie à pied, troupes de la marine, chasseurs à cheval, sur la Puerta del Sol ; dragons, lanciers et hussards, autour du Palais du Congrès, sont alignés en grand uniforme de gala. A tout moment des aides de camp et des généraux en grande tenue passent au milieu des troupes, qui présentent les armes. Puis, ce sont des représentants étrangers, dont les uniformes resplendissent d'or et de plaques. L'horloge de la Gobernacion sonne une heure de l'après-midi. Toutes les trompettes de l'escorte royale et des troupes de cavalerie qui font partie du cortège lancent dans les airs des notes aiguës et stridentes qui déchirent l'air. Après le défilé des troupes dont la tenue est remarquable et l'allure imposante, passent, l'un après l'autre, les carrosses de gala à quatre chevaux des Grands d'Espagne, carrosses anciens ou modernes, conservés par les familles, qui ne les sortent que dans les occasions solennelles : les attelages sont magnifiques, et les Grands d'Espagne ont rivalisé de luxe, comme lors du mariage de S. M. Alphonse XII.

Très remarqués les carrosses des duchesses de Fernand-Nunez et de Baïlen, les ducs de Aliaga, d'Albe, de Medina-Celi, de Najera, de Tamarès, de Valencia, de Sotomayor, de l'Infantado et de Santona, des marquis d'Alcanices, de Miraflore et de Tovar. Tous les carrosses sont conduits de même, avec cocher et laquais. Le soleil fait miroiter le carrosse de bronze, qui est ouvert et occupé par les quatre hérauts d'armes (rois d'armes), portant les masses et les attributs de la royauté :

ils ont sur leur justaucorps un surplis de drap
d'or avec les tours et lions de Castille.

La Maison de Leurs Majestés vient ensuite
dans quatre carrosses, dits *de Paris*, tous plus
précieux les uns que les autres et tirés par six
chevaux aux panaches rouges.

Les ministres sont dans les carrosses suivants : carrosse d'*Amarante*, jaune d'or ; carrosse des *Chiffres*, carrosse de *Concha* (co-
quille), ainsi nommé à cause des coquillages
rares qui forment la bordure de la caisse :
ce carrosse est un des plus beaux ; il fut
construit à Paris, pour Charles IV, en 1790.
C'est dans ce carrosse que se trouvent les
infantes, tantes du Roi, LL. AA. RR. l'infante
Isabelle, l'infante Marie de la Paz, l'infante
Eulalie.

Précédé d'un autre *caballerizo* (grand-
écuyer à cheval), voici le carrosse, dit de
Couronne ducale, magnifiquement orné de
bronzes dorés et de miniatures, surmonté de
la couronne ducale Dans ce carrosse, se
trouvent les sœurs du Roi, l'infante Marie

Thérèse et la princesse des Asturies au fond, avec le prince Charles des Asturies en face. Le duc de La Mina, chef des grands-écuyers du Roi, s'avance sur un superbe cheval devant le carrosse royal, surmonté de la couronne royale et traîné par huit chevaux blancs, avec grands panaches blancs postillon sur le premier cheval, cocher, laquais derrière le carrosse, huit valets de pied tenant les chevaux en main. Tout le monde se découvre : « Vive le Roi ! Vive la Reine ! »

La Régente accompagne son fils : elle semble le conduire à ses fiançailles avec la nation. Elle sourit aux acclamations de la foule, la Reine est en grande toilette, la couronne de diamants dans les cheveux, le manteau royal aux épaules, la poitrine ruisselante, si l'on peut dire, de rivières de brillants ; le Roi est en grand uniforme de capitaine-général, qu'il porte pour la première fois, avec le grand-cordon de l'ordre militaire de Saint-Ferdinand et les colliers de la Toison d'Or et de Charles III, son casque de capitaine-général sur les genoux. Le Roi sourit et salue de la main : on l'acclame.

A droite de la voiture royale, en grande tenue, se tiennent le général Weyler, ministre de la guerre ; le colonel de l'escorte royale. A gauche, le capitaine-général de Madrid et le capitaine-général chef de la Maison militaire du Roi, les aides de camp, les officiers d'ordonnance.. Puis viennent les hauts dignitaires de la Cour, Ecuyers et aides de camp à cheval se tiennent aux portières. C'est un défilé merveilleux.

La voiture du Roi, la dernière du cortège, s'arrête devant le palais des Cortès : les tambours battent, les soldats présentent les armes, la foule crie : « Viva el Rey ! » et les fifres attaquent la marche royale.

Le Roi fait son entrée à la Chambre au milieu des acclamations. Les dames agitent leurs mouchoirs. Le coup d'œil de la salle est vraiment féérique. Tous les lustres électriques jettent une lumière vive sur les uniformes chargés de décorations et sur

les toilettes garnies de diamants et de pier·
reries.

Le Roi et sa suite sont reçus à l'entrée de
la Chambre par douze sénateurs et douze
députés, qui accompagnent le Roi jusqu'au
trône, à la droite duquel ont pris place les
membres du gouvernement.

Le Roi s'assoit sur le trône et dit : « As-
seyez-vous, messieurs. »

Les présidents des Cortès, M. Montero
Rios, président du Sénat, et M. de La Vega
y Armijo, président de la Chambre des députés, accompagnés de M. Sagasta, président
du conseil des ministres, s'avancent tous
les trois vers le Roi, en même temps qu'on
apporte, sur un coussin de velours, le livre
des Evangiles dans une superbe reliure. Le
plus ancien des présidents des Cortès, le Marquis de la Vega y Armijo, s'adressant au Roi,
debout, lui dit : « Sire (en espagnol *senor*),
« Les Chambres convoquées par votre Au-
« guste Mère sont réunies pour recevoir le
« serment de Votre Majesté, que, selon l'ar-

« ticle 45 de la Constitution de l'Etat, elle
« doit prêter de garder la Constitution et les
« lois. »

Le Roi très ému, mais très digne, pose
alors sa main droite sur le livre de la Constitution, que tiennent les deux présidents du
Sénat et de la Chambre, et dit :

« Je jure devant Dieu et sur les saints
« Evangiles de respecter et faire respecter la
« Constitution et les lois de la Monarchie, et
« de m'inspirer dans tous mes actes du bon-
« heur du peuple. Si j'agis ainsi, que Dieu
« me récompense, et, si non, qu'il m'en
« demande compte. »

Le marquis de la Vega se tourne vers
l'assistance et, d'une voix forte, dit : « Les
« Cortès ont entendu le serment que Sa
« Majesté vient de prononcer de respecter et
« de faire respecter la Constitution de l'Etat
« et les lois de la Monarchie, en s'inspirant
« dans tous ses actes du bonheur du peuple. »

Et de toute la salle part le cri : « Vive le
Roi ! »

Quelques instants sont consacrés aux dernières formalités. La cérémonie terminée, le Roi, suivi de la Cour, se retire avec le même cérémonial qu'à l'arrivée. Le cortège se reforme ensuite et se dirige vers l'église San-Francisco. Les troupes forment la haie sur tout le parcours, et les acclamations de la foule retentissent sans cesse. Le Roi salue militairement, mais avec grâce.

Sous la porte de la cathédrale, trente évêques, avec deux cardinaux, le primat d'Espagne, cardinal Sancha, et l'archevêque de Santiago de Compostela, suivis d'une foule de chanoines et de prêtres, attendent Sa Majesté.

Le Roi entre à l'église sous un dais porté par six prêtres en dalmatique de drap d'or. Il s'avance suivi de deux cardinaux, jusqu'au trône élevé dans le chœur, après s'être agenouillé un instant, il s'assoit et aussitôt les évêques en chape d'or. mitre en tête, entonnent le *Te Deum*. La nef est remplie par les hauts fonctionnaires, les ministres, les généraux, les sénateurs, les députés, tandis que les princes étrangers, les missions étrangères et le corps diplomatique, occupent les tribunes. Derrière Leurs Majestés et la famille royale sont les places du corps diplomatique résidant à Madrid. A côté, les sénateurs ont leurs sièges réservés. En face du trône royal, du côté de l'Epître, se placent les membres du gouvernement. et, derrière eux, les princes et les ambassadeurs extraordinaires avec leurs suites. A côté du gouvernement, les députés sont en face des sénateurs. Derrière les sénateurs, est la tribune des prélats ; enfin, sont rangés, selon les règles de la cour d'Espagne, dans des sections ou des tribunes, les Grands d'Espagne, les Maisons des monarques et des Altesses Royales. les corps constitués et les autorités militaires et civiles. L'église, pleine d'uniformes chamarrés et couverts de dorure, éclairée par mille lampes électriques, offre un spectacle merveilleux. Aussitôt après le retour du cortège royal au palais, les ministres se sont rendus auprès du Roi.

Le 18 mai, le Roi a posé la première pierre du monument élevé à son père sur les bords de l'étang du parc du Retiro.

Le Roi dans sa réponse à M. Romero Roblédo, président du comité du monument, a salué les envoyés extraordinaires étrangers qui lui ont témoigné leur sympathie en venant assister à son avènement au trône et à la prestation de son serment. Il demande la protection de Dieu afin que son intelligence réponde à sa volonté ; il remercie les membres du comité qui ont préparé le monument qui rappelle combien furent dévoués les serviteurs de son père. Il réclame l'appui de tous les Espagnols afin de pouvoir réaliser les desseins de son âme pour le développement de la richesse du pays et sa tranquillité morale si nécessaire au bonheur du peuple, et termine en disant qu'il se confie en Dieu et qu'il conservera les glorieuses traditions de la monarchie espagnole, voulant que son règne soit celui du droit et de la justice pour tous

Une des attractions des fêtes du couronnement fut la Course royale, la *Corrida Real*,
c'est-à-dire la course de taureaux en pré-
sence du Roi. On sait la passion espagnole
pour cette singulière sorte de divertissement.
Qui n'a vu un combat de taureaux, en Espagne, ne peut s'imaginer l'entraînement, la
furie de ce peuple. Il n'y avait pas eu de
« Course Royale » depuis les fêtes du mariage
du Roi Alphonse XII et les courses dites
« Royales » ont un cérémonial particulier qui
augmente encore la curiosité du divertissement. Toutes les loges occupées par les plus
nobles familles d'Espagne étaient tendues des
plus riches étoffes, brodées et bariolées avec
les écussons de leur noblesse, pavoisées de
bannières et de banderoles aux armes et aux
devises. Les dames, la tête couverte de mantilles blanches avec des fleurs dans les cheveux, occupaient les places les plus en vue.
Dans la loge royale avaient pris place la cour
et les princes étrangers ; le général Florentin
et les ambassadeurs tous en grand uniforme.

Le spectacle a été des plus attrayants. Trois officiers de l'armée espagnole, à cheval, ont piqué des banderoles sur les taureaux. Quatorze picadors et trente-deux toréadors ont pris part à la course. Neuf taureaux ont été tués. A la sortie, 16.000 personnes ont acclamé frénétiquement le Roi et la Reine Mère.

Une messe a été célébrée à la chapelle du château. Pour la première fois le Roi occupait le trône ; il portait le costume de capitaine-général ; la Reine occupait une tribune.

L'après-midi, le Roi à cheval, accompagné de princes étrangers et suivi de son état-major, a passé en revue les élèves des écoles navales, des écoles d'artillerie, d'infanterie, de génie et toute la garnison de Madrid, disposée le long des promenades du Prado, de Castellano et de l'Hippodrome. Sa Majesté portait l'uniforme de capitaine-général, ceint du large ruban bleu de l'ordre de Saint-André : elle montait un magnifique cheval alezan dont la Reine vient de lui faire présent. Le Roi, accompagné d'un brillant état-major a passé devant tout le front des troupes qui ont ensuite défilé devant lui. La cavalerie s'est particulièrement distinguée ; l'équipement et la tenue des hommes ne laissaient rien à désirer. A la revue figuraient 25 bataillons d'infanterie, 5 régiments de cavalerie, 80 canons, 2 compagnies d'infanterie de marine.

L'effet fut imposant en voyant vibrer cette armée magnifique d'allure et d'enthousiasme, rayonnante de la joie aussi d'avoir à sa tête son Roi, un fils de l'Espagne. La foule qui encombrait les rues, a salué d'acclamations chaleureuses le bien aimé Roi qui paraissait tout ému de ces ovations spontanées. Le soir la représentation du théâtre royal à laquelle assistaient le Roi, les princes, les ambassadeurs, ainsi que l'aristocratie, s'est terminée à deux heures du matin, la foule criait de tous côtés, « Viva el Rey ! Viva la Reina ! »

Le marquis de Tovar a eu la généreuse pensée de célébrer cet événement historique par la fondation d'un asile de nuit, dans le quartier le plus populeux de Madrid. La duchesse de Ferrare-Nunez, dont toute la vie n'a été qu'une longue œuvre de bienfaisance, a donné, dans un terrain vague situé au centre de Madrid, un banquet à dix mille pauvres !

La Reine Marie-Christine qui est la providence des infortunés a fait distribuer 200.000 piécettes pour des œuvres de charité et pour des hospices à l'occasion de l'avènement de son fils. La Reine Régente d'Espagne sut donner à la France une preuve de sympathie en envoyant dix mille francs pour les victimes de la catastrophe de La Martinique.

Les établissements scolaires dont la Reine Régente et le Roi ont posé les premières pierres seront élevés avec l'aide de souscriptions généreuses ; la Régente a donné l'exemple en offrant le terrain pour celle qui sera construite dans le quartier du Palais ; beaucoup de grandes familles ont apporté à l'Œuvre des concours financiers notables, et dans le haut commerce, comme parmi les citoyens moins fortunés, les sympathies efficaces se sont affirmées. Il y a là un symptôme qu'il convenait de relever, parce qu'aujourd'hui. nombre d'Espagnols, dans toutes les classes de la nation, comprennent l'urgence d'une organisation moderne de l'enseignement.

Voici la liste des princes qui se trouvaient à Madrid pour assister aux fêtes du couronnement :

Le prince Frédéric Guillaume Albert, régent du duché de Brunswich, représentant l'empereur d'Allemagne ; l'archiduc Eugène, frère de la Reine Régente, représentant l'empereur d'Autriche ; le prince Arthur, duc de Connaught, frère du roi Edouard ; le grand-duc Wladimir, oncle de l'empereur de Russie, le prince Nicolas, troisième fils du roi de Grèce, le duc d'Oporto, frère du roi Charles de Portugal ; le duc de Gênes, oncle du roi d'Italie et le prince Eugène-Napoléon, quatrième fils du roi Oscar de Suède et de Norwège.

La Régente a reçu solennellement les missions étrangères. Des paroles très affectueuses ont été échangées entre les chefs de missions et la Régente. A la réception du palais, le nonce est entré le premier. Les chefs des autres missions entrèrent après, par ordre protocolaire. Les ducs de Gênes et d'Oporto ont déjeuné avec la Régente après la messe qui a été célébrée dans la chapelle du palais.

Un banquet en l'honneur des princes étrangers et des personnages de leur suite a eu lieu au Palais. La Famille Royale, le ministre des affaires étrangères et les hauts dignitaires de la cour y assistaient. Le Roi et la Régente occupaient le centre de la table, autour de laquelle 108 convives avaient pris place. La salle était merveilleusement décorée. La musique des hallebardiers a joué pendant le dîner.

Le 21 mai, les princes étrangers venus à Madrid pour assister aux fêtes, du couronnement ont pris congé du Roi et de la Reine-

Mère. Le Roi a rendu leurs visites d'adieux aux princes.

Les Etats du monde entier avaient envoyé des représentants à Madrid, car tous les Etats sont sympathiques à ce jeune souverain plein de respect pour sa Mère dont les pouvoirs officiels ont cessé mais dont la douce et bienfaisante influence durera longtemps encore.

Les manifestations Franco-Hispano à Paris

A l'occasion de la majorité du Roi Alphonse XIII, un *Te Deum* a été chanté à la chapelle espagnole de l'avenue Friedland. La cérémonie était présidée par Mgr Lorenzelli, nonce apostolique, entouré du clergé espagnol. Au premier rang de l'église, on remarquait M. Léon y Castillo, ambassadeur d'Espagne, et la marquise del Muni, le général André, ministre de la guerre, M. de Lanessan, ministre de la marine. Le Président de la République était représenté par le colonel Bataille, attaché militaire à la présidence ; le ministre des affaires étrangères, par M. Delavaud, son chef de cabinet. Le président du Sénat et le général Faure-Biguet, gouverneur de Paris s'étaient également fait représenter. Etaient en outre présents : MM. Raindre, directeur des affaires politiques au ministère des affaires étrangères ; baron de Roujoux, du service du protocole ; Clausse, secrétaire d'ambassade ; marquis de Novallas, premier secrétaire de l'ambassade ; et les attachés militaires de l'ambassade d'Espagne ; M. Brusola, consul d'Espagne, le personnel de la légation en grand uniforme, les membres du corps diplomatique, la colonie espagnole de Paris, MM. Emile Massard, Philippe Deschamps, etc.

La grande réception qui a eu lieu, à l'ambassade d'Espagne, à l'occasion de la majorité du Roi Alphonse XIII, comptera parmi les plus brillantes soirées diplomatiques. A partir de dix heures jusqu'à une heure du matin, ce fut un défilé ininterrompu de toilettes exquises, d'uniformes brillants, dans les splendides salons resplendissants de lumières de l'hôtel de l'ambassade. L'ambassadeur, en grand uniforme, et la marquise del Muni recevaient leurs invités à l'entrée des salons du premier étage. Dès onze heures, la circulation devenait difficile, et la foule brillante continuait à gravir l'escalier de marbre blanc tapissé de tulipes jaunes et rouges — couleurs d'Espagne — et sur chaque marche duquel se tenait immobile un valet de pied, dans la livrée de gala de la cour d'Espagne — habit rouge à la française, culottes courtes et perruque poudrée. Et dans la féerie de ce décor, rehaussé par une musique dissimulée derrière un massif de palmiers, les dolmans blancs et rouges, les somptueux costumes de « magnats » hongrois, les habits brodés, les manteaux de cour, les robes japonaises et chinoises, les pelisses de fourrures, les casques d'or, jetaient un mélange de couleurs éblouissantes et pittoresques, d'un éclat incomparable.

Dans les salons : tout le personnel des diplomates et des attachés militaires, la colonie espagnole, le duc et la duchesse de Rohan, princesse Lucien Murat, vicomte et vicomtesse de La Rochefoucauld, comte et comtesse de Tarente, duc et duchesse de Bisaccia, comte et comtesse A. de la Rochefoucauld duc et duchesse de Morny, Casimir-Perier, Escudier, président du conseil municipal, etc.

Les fêtes du couronnement du Roi Alphonse XIII ont été très brillantes et ont produit, en général, sur le peuple espagnol, une bonne impression. Le jeune Roi a été, partout, chaleureusement acclamé. On lui tient compte de sa jeunesse, de son esprit largement ouvert aux idées libérales ; on fonde de grandes espérances sur la bonne volonté dont il est animé, sur la haute culture de son intelligence, sur l'influence de l'excellente éducation qu'il a reçue de son admirable Mère, qui est, certainement, une femme des plus remarquables, et qui, par ses qualités personnelles, par la dignité de sa vie, a su, au milieu des circonstances si pénibles que l'Espagne a traversées, se concilier les sympathies et l'affection du peuple espagnol.

Pour inaugurer son règne, Sa Majesté le Roi, qui tient à bien connaître ses sujets, a voulu visiter plusieurs villes d'Espagne, à Oviédo, Covadonga, Saragosse, Saint-Sébastien, le jeune Monarque a été chaleureusement acclamé. Le Roi Alphonse XIII, avec sa grâce juvénile, son amabilité et la douceur de son visage a su conquérir tous les cœurs. Les acclamations frénétiques qui se sont produites partout sur son passage disent éloquemment que les Espagnols veulent conserver la paix et ses bienfaits.

Le 14 janvier 1903, a eu lieu au Palais Royal de Madrid, le banquet diplomatique qui avait été ajourné à cause de la mort de M. Sagasta. A ce banquet assistaient, indépendamment de la famille royale, les hauts dignitaires, le nonce, les ambassadeurs de

France, d'Allemagne, d'Autriche, de Russie, des Etats-Unis, d'Italie, de Chine, du Japon, du Mexique, des Pays-Bas, du Brésil et des Républiques sud-américaines.

Le Prince des Asturies en France

Son Altesse Royale le Prince des Asturies est venue en France, pour présider aux manœuvres des 16e et 17e corps d'armée. A son arrivée à Villefranche, des curieux endimanchés faisaient la haie dans la rue de la Gare, pavoisée et ornée de mâts. La Compagnie du Midi avait fait placer des fleurs sur le quai de la gare. Trois automobiles militaires, décorés à l'avant d'un petit drapeau violet aux armes espagnoles attendaient, conduits par des officiers d'état-major. Le sous-préfet, M. Genty-Magre et le maire, M. Cales, étaient avec les généraux sur le quai pour recevoir le Prince.

A 5 h. 20 le train stoppe. Le Prince des Asturies, en uniforme, pantalon rouge, tunique bleue et shako, descend du wagon-salon. Il porte en sautoir le grand-cordon de la Légion d'honneur. Le commandant espagnol Echagüe et deux capitaines espagnols le suivent ainsi que le colonel Sylvestre, de la maison du Président de la République et le commandant de dragons Cornulier-Lucinière. Le général Brugère, portant sur son dolman des décorations espagnoles, accompagné des généraux Lacroix et Llanas, s'avance, et dit en s'adressant au Prince :

— Je suis heureux, Altesse, de vous souhaiter la bienvenue.

Le Prince, qui est un ami de la France, est grand, jeune, de physionomie agréable, répond en français. Il parle du cordon de la Légion d'honneur, que le Président de la République lui a envoyé, il remercie de l'honneur qui lui est fait et se félicite de pouvoir assister à des manœuvres dirigées par le général Brugère.

Le Prince a un mot amiable pour chacun, il présente ses officiers au général Brugère.

Puis après avoir serré la main aux généraux et aux officiers qui font la haie sur son passage il sort de la gare. Les trompettes sonnent « aux champs » ou jouent « au drapeau ». Les cavaliers présentent le sabre. Le Prince passe la revue de la garde d'honneur, salue le drapeau militairement, puis le colonel et chaque officier. Il monte ensuite avec le général Brugère en automobile. La voiture part à grande allure aux cris de : Vive l'Espagne ! poussés par les habitants de Villefranche, massés sur son passage et suivie des autres automobiles dans lesquels se trouvent le général Lacroix, le commandant Echagüe et tous les officiers. En quelques minutes, le cortège arrive à Saint-Rome, où M. de la Panouze reçoit ses invités.

A la fin de la manœuvre du 17ᵉ corps, le général Brugère a offert un déjeuner au prince des Asturies. La table, qui comprenait dix-huit couverts, était dressée dans la salle d'honneur de l'école des filles. Le Prince qui portait l'uniforme de général de brigade de l'armée espagnole et la plaque de grand'croix de la Légion d'honneur, était assis en face du général Brugère. Il était entouré des généraux arbitres Garnier des Garets et Voyron. Le directeur des manœuvres avait à ses côtés les généraux arbitres Decharme et Poulleau, le marquis de Mesa de Astas et le général Echagüe de la suite du prince

Au dessert, le ministre de la guerre se lève et dit :

« Je suis heureux et fier de pouvoir vous adresser, Monseigneur, au nom du Gouvernement de la République, mes remerciements pour l'honneur que vous avez fait à notre pays en assistant aux grandes manœuvres du Sud-Ouest.

Je suis heureux à mon tour d'exprimer mes sentiments de respectueuse sympathie à Sa Majesté le Roi d'Espagne, à la Reine-Mère et à la Princesse des Asturies.

J'ai eu l'honneur de vous apprécier dans ces manœuvres et de recueillir l'impression générale de tous les officiers. Cette impression est une profonde admiration pour votre valeur militaire et les hautes qualités qui vous distinguent.

Vous emporterez, je l'espère, en quittant la France, un souvenir ému du spectacle auquel vous avez assisté, et nous garderons de vous avec joie le souvenir d'un bon camarade. »

Le général Brugère prend ensuite la parole, et dit:

Le généralissime se félicite de présider cette réunion où l'accueil le plus cordial est réservé aux officiers étrangers, auxquels, ajoute-t-il, « nous faciliterons la tâche qu'ils doivent remplir ». Il lève son verre en l'honneur des souverains et des chefs d'Etat représentés ici. « Je bois à la santé du Prince des Asturies qui a si vaillamment combattu, et, dans ces manœuvres, a tenu à être notre camarade. »

Le Prince des Asturies répond :

« Je suis touché de l'accueil que je reçois des officiers du 16e et 17e corps d'armée.

Au nom des officiers étrangers, je vous remercie de cet accueil. C'est un honneur pour moi d'assister aux manœuvres de l'armée française. Je bois à la santé de M. le Président de la République et à la vaillante armée française si brillamment représentée ici. »

Tous les officiers qui ont approché le Prince des Asturies expriment l'excellente impression qu'il leur a produite par sa courtoisie et sa simplicité. Il a tendu la main à tous ceux qui lui ont été présentés, en camarade d'un grade simplement plus élevé.

Sa Majesté la Reine Marie-Christine à Paris

31 juillet 1902. — La Reine accompagnée de sa gracieuse fille, l'Infante Marie-Thérèse Princesse des Asturies, du duc de Sotomayor, grand-maître des cérémonies et de la duchesse d'Albe, est arrivée à 10 h. 50, par le sud-express, au quai d'Orsay. Elle était

accompagnée par l'Infante Marie-Thérèse, sa fille, la duchesse de San Carlos, le duc de Sotomayor, le duc Dubsky, ambassadeur d'Autriche-Hongrie à Madrid. Elle a été saluée par M. Crozier, directeur du protocole, par le marquis del Muni, ambassadeur d'Espagne, la marquise del Muni, tout le personnel de l'ambassade et toutes les notabilités de la colonie espagnole, M. Lépine, préfet de police, et le comte de Parcent, représentant la Reine Isabelle. La Reine s'est rendue à l'hôtel Meurice. C'est la première fois depuis 1879, époque de son mariage, que la Reine franchit les frontières et songe à revoir les lieux où ses années premières se sont écoulées.

Dès le lendemain de son arrivée la Reine commença sa visite à travers Paris. A 10 heures, un landau venait s'arrêter sur le porche de l'hôtel. La Reine y prenait place, accompagnée de sa fille et de sa camerera major, la duchesse d'Albe. La Reine s'est fait conduire à l'église de la Madeleine où sans que le curé fût averti de sa venue, elle a assisté à la messe au milieu du public.

A midi, Sa Majesté offrait alors un déjeuner intime de huit couverts, auquel assistaient l'ambassadeur d'Espagne, M. Léon y Castillo, le duc de Sotomayor, le duc de Fernan-Nunez, l'ambassadeur d'Autriche-Hongrie en Espagne et le duc de San-Carlos. A une heure, la Reine montait en voiture, accompagnée de sa fille, l'Infante Marie-Thérèse, de la duchessè de Sotomayor et de l'ambassadeur d'Autriche-Hongrie en Espagne, pour se rendre à la gare du Nord, où elle devait prendre le nord-express à 1 h. 45. Sa Majesté allait rendre visite à sa belle-mère, la reine Isabelle de Castille, qui était à Compiègne. Le bruit de son départ s'étant répandu, une foule assez nombreuse s'était massée aux abords de la gare, et une discrète manifestation de sympathie s'est spontanément produite. La Reine y a répondu par de gracieux sourires, tandis que le haut personnel de la Compagnie du Nord et les notabilités de la colonie espagnole la venaient saluer dans son wagon réservé.

A Compiègne, un millier de personnes étaient massées dans la cour de la gare. La Reine Isabelle avec les personnes de sa maison était venue à la rencontre de sa belle-fille. Lorsque le train fut arrivé, le duc de Soto-Mayor en descendit et offrit la main à la Reine Marie-Christine. Dès qu'elle fut descendue, la Souveraine marcha rapidement au-devant de la reine Isabelle qui, à plusieurs reprises, l'embrassa avec effusion. Quatre landaus prirent les voyageuses et, après avoir traversé la ville, les conduisirent au château des Avenues. La foule, assez nombreuse sur tout le parcours, se découvrait, pendant que la Reine Marie-Christine saluait gracieusement. Après un lunch au château, la Reine Marie-Christine, accompagnée de la reine Isabelle, est allée faire une promenade en forêt et a visité le château de Pierrefonds. Revenue à Compiègne, à six heures et demie, elle a parcouru les appartements du Palais national, habités en septembre 1901 par l'Empereur de Russie. A 8 heures, la Reine et l'Infante Marie-Thérèse, suivies des personnes de leur maison, ont repris le train.

A son retour de Vienne, l'arrivée à Paris de la Reine Marie-Christine a donné lieu, à la gare de l'Est, à une manifestation de vive sympathie de la part de la colonie espagnole et de la population parisienne. La Compagnie de l'Est avait eu la délicate attention de faire recouvrir tout le quai d'un grand tapis rouge et elle avait fait aménager sous la toiture du quai une sorte de salon de réception en plein air au moyen de massifs de plantes vertes de plus de deux mètres de haut. La Reine était accompagnée de sa fille, de la duchesse de San Carlos, du duc de Sotomayor, et depuis la frontière française, par M. Colonna d'Istria commissaire spécial de la ligne de l'Est, spécialement délégué par le gouvernement français. La Reine Marie-Christine a été saluée à sa descente du train, par M. Delcassé, ministre des affaires étrangères, qu'accompa-

gnaient M. Crozier, directeur du protocole ;
M. Lépine, préfet de police ; un officier de la
maison militaire du Président de la République ; le marquis del Muni, ambassadeur d'Espagne à Paris, entouré des secrétaires de
l'ambassade, marquis de Novallas et M. Dor-
riga. De nombreux vivats ont été poussés et
une ovation sympathique s'est produite en
l'honneur de la Reine, au moment où elle a
pris place dans un landau de l'ambassade
pour se rendre à l'hôtel Meurice.

A onze heures arrivait en landau découvert
M. Emile Loubet, Président de la République, accompagné de M. Abel Combarieu,
secrétaire général de la présidence ; du colonel Silvestre et du commandant Reibell, qui
fit partie de la mission envoyée au couronnement du Roi Alphonse XIII. Le Président de
la République, qui portait à la boutonnière
l'insigne de la Toisor d'or, a été reçu par
M. Crozier, chef du protocole, et par le duc
de Sotomayor. M. Loubet a été immédiatement introduit auprès de la Reine, avec

laquelle il s'est entretenu pendant trois quarts d'heure. Le Président de la République, après avoir salué la Reine Marie-Christine et l'avoir remercié du collier de la Toison d'or qu'elle lui conféra au terme de sa régence, a pris congé d'elle.

Après le départ du Président de la République, la Reine a déjeuné à l'hôtel Meurice, en compagnie de l'ambassadeur d'Espagne, de l'Infante Marie-Thérèse, de la duchesse de San-Carlos, du duc de Sotomayor et de M. Palomino. Dans l'après-midi, elle a fait en voiture une promenade dans Paris, puis s'est rendue à cinq heures, à l'ambassade d'Espagne, où elle a reçu les membres de la colonie espagnole.

La Reine Marie-Christine au château de Versailles

Les royales visiteuses ont été reçues au château par M. Camille Oudinot, inspecteur général des Palais nationaux ; M. Bératé,

conservateur adjoint du Musée de Versailles,
en l'absence de M. de Nolhac ; M. Hugot,
inspecteur des bâtiments civils, en remplacement de M. Marcel Lambert, et M. Payen,
commissaire central de Versailles. M. Bératé
a servi de cicérone à la Reine pour la guider
à travers les galeries du château et les salles
du musée. La Reine s'est intéressée aux petits
appartements du château, et son attention
s'est portée sur les pièces historiques qui lui
étaient montrées. Toutes celles relatives à
Marie-Antoinette ont eu spécialement le don
de l'intéresser. Après une promenade en
automobile dans le parc, le cortège s'est
dirigé vers le Grand-Trianon, dont M. Camille
Oudinot a fait les honneurs à la Reine, qui
s'est rendue de là au Petit-Trianon, et a pris
un vif plaisir à visiter le Hameau, la Laite-
rie, le Belvédère ; le charmant petit théâtre
de la Reine l'a enchantée. La Reine se plaisait à demander des explications sur tout ce
qu'elle voyait, et était particulièrement atten-
tive aux détails évoquant la mémoire de

Marie-Antoinette. Ensuite, la Reine s'est rendue avec sa suite aux Réservoirs, où, à la suite d'une collation, elle a pris congé des personnes qui l'avaient accompagnée, en trouvant un mot affable pour chacune.

Sa Majesté la Reine quitte Paris

Le départ de la Reine étant annoncé, un public assez nombreux attendait à la gare et, c'est au milieu d'une double haie de curieux sympathiques, qui se découvraient respectueusement, que la Reine est arrivée à la gare du quai d'Orsay qui, pour la circonstance, avait été luxueusement décorée. La Reine Marie-Christine a été saluée par MM. Delcassé, ministre des affaires étrangères ; Crozier, directeur du protocole, Mollard, sous-directeur du protocole ; le colonel Silvestre, représentant le Président de la République ; Lépine, préfet de police ; le marquis del Muni, ambassadeur d'Espagne à Paris, et tout le haut personnel de l'ambassade. Des fleurs ont été offertes à la Reine au moment où elle montait dans le wagon qui lui avait été réservé, et le comte de Parsent, chambellan de la reine Isabelle, s'avança pour la saluer au nom de l'ancienne souveraine et lui remettre, de sa part, une gerbe de roses aux couleurs espagnoles. La Reine, très émue, a remercié de nouveau M. Delcassé et l'a prié de transmettre au Président de la République l'expression de sa gratitude pour l'accueil qu'elle a reçu à Paris. Les personnages présents ont crié par trois fois, en espagnol : « Vive la Reine ! Vive le Roi ! Vive l'Infante ! Vive l'Espagne ! », et les curieux, massés au-dessus dans le hall de la gare, ont répondu par des hourras variés.

La Reine-Mère, qui a si dignement présidé aux destinées de l'Espagne, a reçu à Paris l'hommage respectueux du peuple et du gouvernement français.

Le 14 février 1903, la Reine Marie-Christine, appelée à Vienne par un deuil de famille. a de nouveau traversé Paris. La Reine, accompagnée de sa fille, l'infante Marie-Thérèse, avait une suite composée de sa dame d'honneur, la duchesse de San Carlos, du marquis de la Mina et de M. de Palomino. A la gare des Aubrays, le marquis de Novallas, premier secrétaire de l'ambassade d'Espagne, avait attendu le passage du Sud-Express et pris place dans le wagon de la Reine. La Reine a été saluée à la gare d'Austerlitz par l'infante Eulalie, fille de la reine Isabelle : par la marquise del Muni, femme de M. Léon y Castillo, ambassadeur d'Espagne ; M. Mariano Brusola Tellez, consul général : MM. de Aguera, Carlos Doriga et les autres membres de l'ambassade et du consulat. Le wagon-salon dans lequel se trouvaient la Reine et sa suite a été détaché du Sud-Express à la gare d'Austerlitz et conduit directement à la gare de l'Est où un train spécial a été formé qui s'est mis en marche pour Vienne.

Les manifestations Franco-Hispano

Les Français forment à Madrid une colonie assez nombreuse : ils ont une Société de bienfaisance, un cercle bien situé, tout près du centre de la ville ; ils constituent une section puissante de l'*Alliance française*, qui entretient un collège très suivi, où l'on manque de place, aujourd'hui, pour les enfants français qui ne veulent pas oublier leur langue et quelques Espagnols qui désirent l'apprendre. L'ambassadeur de France en Espagne s'intéresse à cette œuvre nationale, qui vit de ressources ingénieusement renouvelées et mérite l'attention des pouvoirs métropolitains. Plusieurs de ces Français de Madrid occupent de hautes situations ; dans la banque, dans la direction des chemins de fer, deux de nos compatriotes sont à la tête des deux principales compagnies d'Espagnes, le *Norte* et le *Madrid-Zaragoza-Alicante* ; ils sont justement considérés de la société madrilène, qui reconnaît volontiers leur compétence technique et la sûreté de leurs relations. Tous ces Français sont unanimes dans leur confiance en l'avenir de l'Espagne.

Le couronnement de Sa Majesté le Roi Alphonse XIII a été le prélude de démonstrations sympathiques échangées entre les deux peuples.

La France avait envoyé à Bilbao — où se trouvait le Roi - deux cuirassés le *Dupuy-de-Lôme* et le *Cassini* pour saluer le jeune monarque.

Les 2.000 musiciens français qui ont pris part au concours d'harmonies et de fanfares organisé à Saint-Sébastien, ont été l'objet du plus chaleureux accueil.

Le Roi et la Famille Royale qui s'y trouvaient en villégiature, ont été salués avec enthousiasme par les 2.000 musiciens français massés sur leur passage. Des mâts enguirlandés de feuillage, de fleurs, ornés de drapeaux espagnols et français, décoraient toutes les rues.

Les liens d'amitié qui existent entre l'Espagne et la France s'accentueront encore par la haute considération dont jouit à Madrid M. Jules Cambon qui a succédé à M. Patenôtre à l'ambassade de France.

M. Cambon est ambassadeur depuis le mois d'octobre 1897, il avait précédemment gouverné avec la plus grande autorité, pendant six années, l'Algérie, où son nom est resté comme celui d'un administrateur habile et heureux. A Washington comme à Alger il sut montrer dans des conditions fort diverses ce que les Anglais appellent *the right man in the right place*, c'est-à-dire l'homme à sa vraie place, toujours à la hauteur de ses fonctions. On sait que la paix entre les Etats-Unis et l'Espagne fut conclue grâce à son habile intervention. M. Cambon est un négociateur subtil, souple et plein de ressources. Ce sont des qualités qui trouveront leur emploi à notre ambassade de Madrid. M. Jules Cambon est né à Paris, le 5 avril 1845. Avocat en 1866 et secrétaire de la conférence

du stage en 1869, il servit pendant la guerre
comme capitaine des mobiles de Seine-et-
Marne et fut, après la paix, nommé auditeur
auprès de la commission provisoire, chargée
de représenter le Conseil d'Etat. Il fut ensuite
attaché au gouvernement général de l'Algérie, où il devint, comme chef de bureau de
la division des affaires civiles, le collaborateur de confiance du général Chanzy, sur la
proposition duquel il fut nommé en 1878
préfet de Constantine. En 1879, il fut appelé
au secrétariat général de la préfecture de
police, et en 1882, lorsque son frère quitta
la préfecture du Nord pour le gouvernement
de la Tunisie, il fut choisi pour le remplacer
à Lille. Cinq ans plus tard, en 1887, il passa
à la préfecture du Rhône, et, au mois d'août
1891, il était nommé gouverneur général de
l'Algérie et commandeur de la Légion d'honneur. Enfin, au mois d'octobre 1897, il quittait l'administration pour la diplomatie et
était chargé de l'ambassade des Etats-Unis.

Le 22 janvier 1903, M. Jules Cambon a

présenté à la Cour d'Espagne les lettres qui l'accréditent auprès de Sa Majesté le Roi. Notre représentant accompagné par l'introducteur des ambassadeurs, a été conduit de l'ambassade au palais dans un carrosse de gala attelé de six chevaux. Le précédaient quatre autres carrosses de cour, occupés par le personnel de l'ambassade. Un escadron de l'escorte royale escortait le carrosse de l'ambassadeur ; aux portières étaient le chef de l'escorte et un écuyer du Roi. Sur la place d'Armes, un piquet de troupes, avec drapeau et musique, a rendu les honneurs. Les hallebardiers formaient la haie sur le grand escalier du palais.

Introduit avec le cérémonial habituel dans la salle du Trône où les membres de la cour, les ministres, les grands d'Espagne se tenaient aux côtés du Roi, M. Cambon, après s'être incliné respectucusement devant le Roi a prononcé le discours suivant :

« Sire,

« J'ai l'honneur de déposer entre les mains

de Votre Majesté, les lettres qui m'accréditent en qualité d'ambassadeur de la République française.

« Quelles qu'aient été les vicissitudes de leur histoire, l'Espagne et la France eurent toujours de réciproques sympathies, nées, moins du voisinage que de la communauté d'idées et de sentiments. Leur civilisation tire son origine des mêmes sources, leurs aspirations tendent au même idéal : grandeur morale et liberté. Les pages de leurs glorieuses annales sont illustrées également par le courage et la générosité de ceux qui les écrivirent. La nation française a suivi ainsi, avec un profond et attentif intérêt, le commencement du règne de Votre Majesté, sous l'égide tutélaire de votre Auguste Mère. La France entière fait des vœux pour le bonheur de Votre Majesté et la prospérité de l'Espagne.

« Je suis l'interprète de M. le président de la République et de son gouvernement en apportant à Votre Majesté l'expression de confiance de voir se resserrer davantage les liens d'amitié qui existent entre les deux pays.

C'est pour moi un grand honneur d'avoir été élu pour collaborer à une œuvre si noble, et j'ose espérer que la bienveillance de Votre Majesté et de son gouvernement facilitera cette tâche. »

Sa Majesté le Roi a répondu :

« Monsieur l'Ambassadeur,

« Il me plaît de recevoir les lettres qui vous accréditent à ma cour comme ambassadeur de la République française.

« L'Espagne et la France étant unies par les liens d'une vieille amitié, rien ne m'est plus agréable que l'assurance que vous apportez de l'attentif intérêt avec lequel la République a suivi les commencements de mon règne.

« Les vœux que vous m'exprimez soit pour ma prospérité, soit pour celle de mon peuple, correspondent à ceux non moins sincères que je fais pour le bonheur de la nation française et de l'illustre homme d'Etat qui la dirige. Avant ce moment, monsieur l'ambassadeur, vous aviez montré par votre conduite l'affection que vous portiez à l'Espagne. Dans des circonstances critiques alors que vous étiez comme aujourd'hui investi de la représentation officielle de la France, vous avez obtenu des titres à notre considération et à notre amitié.

« La collaboration que vous nous offrez si noblement obtiendra l'appui décidé de mon gouvernement, et dans l'accomplissement de la tâche confiée à votre zèle et à votre intelligence par M. le Président de la République chaque jour rendra encore plus cordiaux les rapports qui existent si heureusement entre les deux peuples. »

Aussitôt la réception terminée, M. Cambon a rendu visite, dans une voiture de la cour, au ministre des affaires étrangères. Le sous-secrétaire du ministère, M. Perez, caballero, l'attendait sur le seuil. M. Cambon a fait ensuite une visite à M. Silvela. M. Silvela et le ministre des affaires étrangères, M. Abarzuza, ont rendu sa visite à l'ambassadeur de France.

Sa Majesté le Roi d'Espagne s'inspirant des traditions de son Auguste Mère, ne néglige aucune occasion de manifester ses sympathies envers la France. Dès que le Roi Alphonse XIII fut informé du voyage que M. Emile Loubet, président de la République, avait l'intention de faire en Algérie, il décida qu'une escadre se rendrait à Alger pour y saluer le premier magistrat de France. Le 15 avril 1903, le contre-amiral Vinegrea, commandant le cuirassé *Pelayo*, accompagné de ses officiers vint au nom de Sa Majesté le Roi d'Espagne, saluer M. Emile Loubet, en disant, qu'il était heureux d'avoir été choisi par son souverain, pour remplir une mission aussi agréable.

Le président de la République pria l'amiral Vinegrea de transmettre à Sa Majesté le Roi d'Espagne ses remerciements et ses meilleurs souhaits de bonheur pour lui, pour la

Reine-Mère, et pour la nation espagnole, en ajoutant qu'il était heureux de revoir à Alger le *Pelayo* qu'il avait déjà admiré à Toulon.

M. Emile Loubet dont le tact parfait sait faire naître toutes les circonstances qui ont pour but de faire aimer la France, a voulu témoigner sa satisfaction, en accordant plusieurs croix aux distingués officiers de l'escadre espagnole. Ont été nommés, commandeur de la Légion d'honneur : le contre-amiral Vinegrea, chef de l'escadre ; officier, le capitaine de vaisseau Léonard Gomez, commandant le *Pelayo* ; le capitaine de vaisseau Eulate y Feri et le capitaine de frégate Juan Castro, ont reçu la croix de chevalier.

Les grands hommes de l'Espagne

L'Espagne est pour nous une voisine trop immédiate pour que les événements qui s'y produisent ne fixent pas notre attention et ne nous contraignent à une étude que la haute sympathie inspirée par une nation sœur doit toujours empreindre de déférence. L'Espagne a perdu un de ses hommes d'Etat les plus considérables, M. Sagasta, ce ministre libéral de la monarchie alphonsiste, qui, alternant au pouvoir avec le conservateur puissant et fascinateur qu'était Canovas, incarna la politique gouvernementale de la Péninsule depuis la restauration.

L'Espagne tout entière s'est inclinée, respectueuse, émue, devant la dépouille du ministre qui, naguère, conduisait ses destinées. M. Sagasta était l'une des personnalités les plus marquantes de son pays, si riche en orateurs sonores. Il fut l'un des hommes les plus favorisés, ayant eu le rare bonheur d'être pendant trente ans l'homme indispensable.

Don Praxedes Mateo Sagasta naquit le 21 juillet 1827, à Torecillo de Cameros, village de la province de Logrono. A vingt-cinq ans, ingénieur des ponts et chaussées, il fait des constructions et des projets qui sont remarqués. Son caractère affable lui attire en

même temps les sympathies de la population
de Zamora ; et, comme le mouvement libéral
de 1854 le séduit et l'attire, il devient député.
Il ne devait plus cesser de l'être. Canovas,
Martos, Castelar, Pi y Margall, Salmeron,
Figueras, apparaissaient au même moment ;
mais Sagasta est de ceux qui arrivent le plus
haut. Un critérium inspirait et dirigeait tous
ses actes : la défense de la liberté. Ce fut
bien le *libéral* dans toute l'acception du mot.
La politique et en même temps le journa-
lisme l'avaient conquis. De 1856 à 1866, il
lutte et travaille à côté de Calvo Asensis
qui dirigeait la *Iberia*. Asensis meurt, le
voici à la tête du journal des progressistes,
dont Prim était le leader. La modestie de
Sagasta était proverbiale, sa mise simple.
L'habit noir était une contrainte dont il
s'affranchissait le plus qu'il pouvait. Il avait
reçu cent décorations. Il n'en portait jamais
aucune. Doux, effacé, timide presque, il avait
des colères impétueuses. Un tribun éloquent,
plein de fougue, d'élan et d'entraînement,

s'était toujours révélé en lui. Dans ses *Profils d'orateur*, le sénateur Moya raconte que, plus d'une fois Sagasta a déclaré pour répondre à une calomnie : « Je ne serai jamais riche; j'ai toujours pensé que pour vivre, il suffisait d'avoir deux œufs et un petit pain ». La mort de M. Sagasta est un malheur qui ne frappe pas seulement le libéralisme espagnol, aux destinées duquel cet homme d'Etat a présidé pendant plus d'un quart de siècle ; il atteint l'Espagne tout entière.

Le **28** janvier 1902, l'Espagne a fait à M. Sagasta des funérailles nationales. Le cercueil de l'illustre homme d'Etat a été déposé au Panthéon en face du caveau du général Prim. Le Pape a envoyé ses condoléances à la famille. La Reine Marie-Christine a fait remettre sur le cercueil une très belle couronne.

Canovas, Castelar et Sagasta, ces trois noms appartiennent à l'histoire de l'Espagne. Ces grands hommes ont laissé derrière eux un passé glorieux.

Canovas del Castillo né à Malaga en 1824, mourut en 1897 après avoir occupé les plus hautes situations diplomatiques.

Le duc de Tetuan, ancien ministre mort il y a quelques mois, faisait partie de cette phalange de diplomates illustres qui si souvent donnèrent à la France des marques de leur amitié. Lorsque Carlos O'Donnel y Abreu duc de Tetuan, comte de Lucena, marquis d'Altamira, grand d'Espagne de première classe, sentit venir la mort, il fit téléphoner au Palais Royal que sa fin ne tarderait plus et qu'il offrait son dernier hommage à la Reine Marie-Christine. L'énergie était la qualité dominante de celui qui prétendait être le réorganisateur et le chef du parti conservateur, le véritable interprète de l'orthodoxie conservatrice. Le duc de Tetuan était né à Valence le 1ᵉʳ juin 1834, et embrassa d'abord la carrière militaire. Il combattit avec distinction aux Philippines, suivit la guerre d'Italie comme membre d'une commission spéciale, et se fit grièvement blesser d'une balle dans la tête au combat de Sacusa, dans la guerre d'Afrique. Sous le règne d'Isabelle II, il siégea aux Cortès dans les rangs de l'Union libérale, aida au triomphe de la Révolution de 1868 et fut membre de la Constituante. Au temps du roi Amédée, il fut grand-maréchal de la cour La diplomatie devint son fait, et après la Restauration, il représenta successivement l'Espagne à Bruxelles, à Vienne et à Lisbonne. Ministre des affaires étrangères du cabinet que présida en 1879 le maréchal Martinez Campos, il fut fait sénateur à vie par M. Sagasta en 1881. Mais en 1890, il passa au parti conservateur, dont il devint vite un des membres les plus influents; M. Canovas, dont il resta le collaborateur intransigeant, lui confia le portefeuille des affaires étrangères qu'il conserva avec le général Azcarraga; on se rappelle qu'il refusa vigoureusement de céder aux exigences des Etats-Unis et de faire aucune concession dans sa politique coloniale. Depuis, le duc de Tetuan avait représenté l'Espagne

à la conférence de la Haye, fondé le groupe
des conservateurs dissidents, et détenu le
portefeuille des affaires étrangères.

Emilio Castelar, mort en 1899, était un
ami de la France. Mais ce grand Espagnol
était aussi, d'esprit et de cœur, vraiment
Français. Il saluait dans la France la mère
des Idées. « Elles ne deviennent universelles,
répétait-il, que lorsque la France les a adop-
tées. » La vérité est qu'il l'aimait, le mot est
de lui, « comme la peut aimer le meilleur
de ses fils ». Il l'a prouvé en 1870 ; et bien
plus tard, à la tribune, il a fait entendre en
faveur de notre pays la protestation du droit
imprescriptible ; il a mérité que Jules Ferry,
dans une lettre publique, le remerciât au nom
des enfants de l'Alsace-Lorraine. Il aimait
Paris où il avait trouvé par deux fois un asile.
Il se plaisait à y revenir, à y résider. Il y a
compté des amis illustres : Gambetta, puis
Victor Hugo, Thiers, Jules Simon, Léon Say,
Renan. Il appelait Paris, dans son langage
d'orateur et de poète : *la Cité vers laquelle*

tous les hommes ont les yeux tournés comme jadis vers la Rome antique.

Emilio Castelar a été un écrivain d'envolée très haute. M. Escudier, président sortant du Conseil municipal, a déposé une pétition signée d'un certain nombre de hautes personnalités du Sénat, de la Chambre, de l'Académie française, de l'Académie des sciences morales et politiques, en vue d'obtenir que le nom d'Emilio Castelar soit donné à l'une des rues de Paris. Ce que nous voulons honorer, c'est le grand orateur, c'est l'écrivain, qui fut un puissant journaliste.

Toute une société d'élite compose la noblesse espagnole, et parmi les membres les plus distingués je citerai : Son Altesse Royale le prince des Asturies, les ducs de Tetuan, de Aliaga, de Sesto, de Veragua, de Valencia, de Sotomayor, grand-maître du palais, le comte d'Almodavar, grand chambellan, de Vista-Hermosa, grand chambellan de la princesse des Asturies et M. de Medina-Sidonia. Les marquis del Muni de Léon y Castillo, l'éminent ambassadeur d'Espagne à Paris, Zarco, introducteur des ambassadeurs, d'Estella, de Tovar, Vandillo, de Villalobar, de Mesa, de Astas, de Novallas, le distingué secrétaire de l'ambassade d'Espagne à Paris, de la Vega y Armijo, de Pacheco, les marquis de la Mina, d'Alcanices, de Miraflore, Montero-Rios et Perès, les ducs d'Albe, de Medina Celi, de Najera de Taniarès et de Santonia.

Dans la marine, les amiraux : Veraguas, Aguirre de Tejada, Valcarel, et le contre-amiral Vinegrea qui fut choisi par le Roi pour aller saluer M. Emile Loubet à Alger. Dans l'armée, les maréchaux : Lopez-Dominguez, Agurre de Tejada, les généraux Bascaran, Linarès, Moreno, Delgado, Cerero, Weyler, Maura. Parmi la noblesse, le marquis de Pacheco, le comte Morphy, le comte Romanones etc. Parmi les diplomates les plus distingués, je citerai : Le comte de Parsent, chambellan de S. M. la Reine Isabelle, le comte de Andrino, le distingué secrétaire particulier de S. M. le Roi, M. de Aguilard, le sympathique secrétaire de S. M. la Reine Marie-Christine, l'honorable M. Moret, l'ancien ministre des affaires étrangères, le comte de Mejorada, MM. Puigcerver, Eguillior, Amos, Salvador, Manuel Silvela, Abarzuza, Dato, Villaverde, Sanchez-Toca, Allen de Salazar, Fernandez-Blanco, Rodriguez, Martinez-Campos, Romero-Robledo, Serrano, Monte-Rios, Cheste, Blanco-Primo, de Rivera, Adolfo, Calzado et Armijo.

La haute personnalité du duc de Sesto, choisi par les conseillers du Roi pour apporter au président de la République les insignes de la Toison d'Or, est une marque de plus de l'estime où l'on tient la France au delà des Pyrénées, du prix qu'on attache à l'intimité des relations entre les deux pays. C'est, en effet, l'un des hommes les plus considérables du royaume que le duc de Sesto, et par sa naissance, et par sa haute culture intellectuelle, et par les situations éminentes qu'il a toujours occupées. Le duc de Sesto n'est pas un inconnu des Parisiens, puisqu'il a en qualité de commissaire général, géré la section espagnole à l'Exposition de 1900 ; c'est d'ailleurs à ses efforts comme à sa compétence qu'a été due la place importante occupée par l'Espagne dans ce grand concours. C'est le doyen des grands d'Espagne ; il est sénateur à vie, et préside à Madrid le conseil supérieur d'agriculture et le comité permanent des Expositions. Il a été maire, trois fois gouverneur de Madrid, et grand-maître du palais pendant tout le règne d'Alphonse XII qui prisait très haut ses sages avis.

Au delà des Pyrénées la France a des amitiés séculaires et des sympathies profondes. Tout nous attire vers l'Espagne, cette sœur latine de la France et de l'Italie.

Le Roi Don François d'Assises aimait la France, comme l'aime la Reine Isabelle dont la bienveillance et la charité ont conquis le cœur de tous les Parisiens. Le somptueux palais de Castille de l'avenue Kléber où réside la *Reina Isabel secunda* est resté le rendezvous mondain, on y parle de sciences et de littérature, l'accueil qu'on y reçoit, est des plus touchants.

L'Espagne, à laquelle nous rattachent tant de liens, désireuse de sortir de son long isolement, tourne les yeux du côté de la France. Elle a envoyé un de ses princes assister aux manœuvres de nos corps d'armée. C'est là un fait considérable. L'Espagne vient à nous en vertu de cette loi d'affinité de races qui détermine, entre les peuples ayant une origine commune, d'irrésistibles sympathies.

Le duc de Veraguas dit que le grand désir du jeune Roi est de doter son pays des moyens de reconquérir son prestige. L'alliance avec la France serait un moyen !

L'alliance Franco-Hispano hante le cerveau des éminents diplomates, qui président aux destinées de l'Espagne. Il est certain qu'en France ces tentatives seraient bien accueillies par l'opinion publique, car l'Espagne jouit chez nous d'une très grande sympathie. La presse espagnole s'occupe de la question de l'alliance franco-espagnole. L'attitude de la presse officielle est caractéristique : elle s'efforce de démontrer que les destinées de l'Espagne exigent qu'elle contracte une alliance avec une grande puissance.

La *Correspondencia Militar*, qui est l'organe du général Weyler, a publié un article qui a fait sensation. Après avoir énuméré les nombreux intérêts qu'ont en commun les deux sœurs latines, la France et l'Espagne, et rappelé les égards que le gouvernement français vient de montrer aux représentants de la monarchie, le journal du ministre de la guerre déclare catégoriquement que l'Espagne est à la veille de renoncer à l'isolement qui a été sa vie politique depuis de longues années et qui lui a coûté son empire colonial. Le journal se montre persuadé que le parti libéral n'abandonnera pas le pouvoir avant d'avoir conclu une alliance avec la France.

Le prince des Asturies qui est venu assister aux grandes manœuvres de Toulouse a été très acclamé par l'armée et par la population, et la Reine Régente a reçu en traversant la France et Paris l'hommage respectueux du gouvernement français.

Ce sont là d'heureux présages qui prépareront l'alliance si ardemment désirée par les deux peuples.

L'Espagne peut envisager l'avenir avec confiance, le jeune Roi a été préparé par sa sublime Mère à diriger les destinées de l'Espagne. Il voit du haut de son trône un peuple dévoué, loyal, prêt à lui assurer le concours qu'il a déjà, en tant de circonstances, donné à la Reine Marie-Christine.

Nous avons vu comment avec de la fermeté, avec une foi vive dans le génie d'une nation, un gouvernement solide, dont les racines tiennent au cœur même du peuple, on peut surmonter les obstacles, avoir raison des difficultés et tenir d'une main ferme les rênes de l'Etat. Et cela était d'autant plus digne d'intérêt, que les rênes de cet Etat se trouvaient dans les mains d'une femme qui, peu de temps après son mariage, avait eu la douleur de perdre son époux et s'était vue — non sans une angoisse bien légitime — investie du pouvoir souverain.

On sait comment la Reine-Régente a gouverné, pendant dix-sept ans, le pays qui était devenu le sien depuis son mariage avec Alphonse XII ; elle était bien réellement espagnole de cœur et d'âme et c'est dans le respect des plus nobles traditions du pays qu'elle éleva son fils : le Roi Alphonse XIII.

Il est naturel que la sympathie des Espagnols et des amis de l'Espagne s'adresse, aussi bien à la mère qu'au fils, à la Reine qui a abandonné le pouvoir qu'au jeune Roi qui en a reçu la charge. C'est pourquoi les fêtes du couronnement semblent avoir été organisées aussi bien en l'honneur de la Reine Marie-Christine que du Roi Alphonse XIII. Effectivement le peuple espagnol a toujours confondu la mère et le fils dans son affection, et, si les pouvoirs légaux de la Régente ont officiellement pris fin, il est probable qu'elle continuera d'être considérée, comme le meilleur conseiller de son fils, et, partant, comme l'un des plus solides protecteurs du trône.

Nous désirons pour l'Espagne que l'influence si bienfaisante de la Reine Marie-Christine ne s'efface pas avec le temps, qu'elle couvre comme d'une égide le jeune Roi dans les dangers inhérents à sa situation, que le cœur de sa Mère batte dans le sien. Cette aurore royale est donc saluée avec joie, avec espoir, et la France, plus que toute autre nation, adresse ses vœux les plus ardents au Roi Alphonse XIII, en unissant, dans une même ovation chaleureuse, la mère qui forma un tel fils.

Travaillons à l'alliance Franco-Hispano, et vulgarisons les sympathies qui existent entre la Seine et le Guadalquivir, et nous aurons fait une œuvre utile pour les deux Nations sœurs.

Il est probable que le règne de Sa Majesté le Roi Alphonse XIII sera un grand règne. Son intelligence, sa sagesse et sa volonté, sauront faire revivre un pays si profondément éprouvé, et lui rendre, sinon sa puissance d'autrefois, du moins le rang et la place qu'il est digne d'occuper dans le monde.

Le Roi porte le fardeau d'une des plus nobles couronnes de l'univers. Son royaume fut jadis le plus puissant et le plus vaste de tous. Ses gloires furent légendaires : le Cid, les Pélage, l'Orient refoulé, l'Europe sauvée de l'Islam, la civilisation promenée sur toutes les mers ; ses hommes de guerre, ses marins, ses artistes merveilleux, ses penseurs sublimes ; toute une floraison de grandeurs, écloses, quoi qu'en puissent dire les incrédules, au soleil intégral de la foi catholique.

La Reine Marie-Christine, dont l'affection maternelle enveloppa le Roi Alphonse XIII comme un joyau précieux, a remis à son Auguste fils un pays que son énergie et sa sagacité ont rendu prospère.

En France on a suivi de tout temps avec une attention bien compréhensible les événements auxquels l'Espagne servait de théâtre, la lutte des partis, les mouvements révolutionnaires de la Catalogne, les phases de la guerre hispano-américaine, les modifications politiques motivées par les dispositions et la composition des divers cabinets qui se succédaient. Attention bien compréhensible. En effet, comment ne pas s'intéresser au sort d'une nation voisine, chevaleresque et malheureuse, mais toujours grande dans l'adversité, toujours fière, à juste titre, de son passé historique, du renom qu'elle s'est acquis, ne désespérant pas de l'avenir; travaillant au milieu des péripéties singulières à son relèvement, à la reconstitution de ses forces militaires, de ses finances, au maintien et au raffermissement de son unité territoriale.

Aucune nation n'applaudit avec plus de joie que la France, au succès du Roi, aucune ne porte à l'Espagne un intérêt aussi sincère. Plus les liens qui unissent les deux Etats seront fortifiés, plus Londres et Berlin se montreront circonspects dans leur politique d'envahissement, d'exploitation et de désagrégation de l'union latine.

Tous les Français souhaitent au jeune Roi de réaliser l'idéal bienfaisant et pacifique, après lequel en ce temps de conquêtes et d'abus de la force, soupire encore le monde civilisé. Nous formons les vœux les plus ardents pour le long règne du Roi, et aussi pour la prospérité de l'Espagne.

Vive Sa Majesté
la Reine Marie-Christine !
Vive Sa Majesté le Roi Alphonse XIII
Vive l'Espagne !

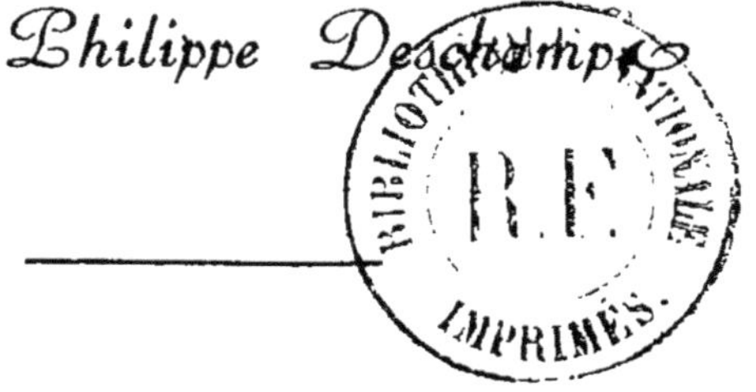

Philippe Deschamps

LAVAL. — IMPRIMERIE PARISIENNE, L. BARNÉOUD & Cⁱᵉ.

NOMENCLATURE DES OUVRAGES PUBLIES

Par PHILIPPE DESCHAMPS

1. A travers les Etats-Unis et le Canada ... 3 fr. 50
2. De St-Pétersbourg à Constantinople ... 3 fr. 50
3. Le touriste en Egypte et en Syrie ... 3 fr. 50
4. De Paris au Soleil de Minuit ! ... 3 fr. 50
5. Catalogue des Collections Franco-Russes, offertes aux Musées de France et de Russie, par PHILIPPE DESCHAMPS, 34.652 pièces ... 10 fr. »
6. Le Livre d'Or de l'Alliance Franco-Russe, dédié à S. M. l'Empereur de Russie, édition de luxe avec 16 gravures inédites ... 25 fr. »
   Edition populaire ... 10 fr. »
7. 20.000 lieues à travers le Monde, édition in-quarto raisin, illustrée de 175 gravures ... 10 fr. »
8. L'exploitation du mariage (édition épuisée) 3 fr. 50
9. Gloire aux Vaincus (édition épuisée) ... 2 fr »
10. La mort d'un Héros, dédié à Mlle de Villebois-Mareuil ... 4 fr. »
11. La Reine Wilhelmine de Hollande ... 5 fr. »
12. La Russie d'aujourd'hui ... 1 fr. ›
13. L'Univers, format grand jésus, 650 pages de texte. Ouvrage documenté dédié à la Jeunesse des Ecoles de France et de Russie ... 25 fr. »
14. La reine Victoria et le roi Edouard VII 5 fr. »
15. Les Finances d'autrefois et les budgets de la France ... 3 fr. 50
16. Le Livre d'Or du Transvaal, édition de luxe illustrée, 750 pages de texte (dédié au Président Krüger) 60 fr »
17. A travers les pays encore annexés ! ... 3 fr. 50
18. L'Œuvre de M. Joë Chamberlain ... 5 fr. »
19. La Consécration de l'Alliance Franco-Russe, édition de luxe, format grand jésus, illustrée de 40 gravures sur papier Japon (dédié à S. M. l'Empereur Nicolas II) 100 fr. ›
20. Catalogue illustré du Musée Carnot, fondé à Fontainebleau par PHILIPPE DESCHAMPS (6.000 pièces) 5 fr. »
21. Un Roi Bien Aimé (Christian IX) ... 3 fr. 50
22. L'Alsace-Lorraine, Française quand même ! 3 fr. 50
23. Le Président de la République Française en Russie (1902) ... 25 fr. »
24. Deuil national ! Les Antilles ... 3 fr. 50
25. L'avènement du Roi Alphonse XIII ... 3 fr. 50
26. Le Prince Nicolas de Monténégro ... 2 fr. »
27. La Richesse de la France ... 1 fr. 50
28. La Russie au 20me siècle ... 3 fr 50
29. Le plus grand crime de l'Univers ! ... 3 fr. 50
30. Catalogue des collections antiques et modernes, offertes par PHILIPPE DESCHAMPS au Musée municipal de Mantes ... 3 fr. 50
31. L'Union Franco Italienne, dédié au général Türr ... 3 fr. 50

9 782019 304164